LA LINGUISTIQUE DÉVOILÉE

OUVRAGES DU MÊME AUTEUR :

1. *Méditations religieuses.* 1 vol. in-12 de 283 pages. — Prix 3 fr. 50

2. *Le Développement de l'idée religieuse dans le Judaïsme, le Christianisme et l'Islamisme*, par L. Philippson, traduit de l'allemand. 1 vol. in-8 de 355 pages. — Prix : 6 fr.

3. *Etude sur l'Inscription de Grave-Creek* (*Ohio U. S. A.*), lue au Congrès international des Américanistes, assemblé à Nancy en juillet 1875. Brochure. Prix : 1 fr.

4. *Discours d'installation* comme Président annuel, prononcé à Paris, le 3 juillet 1876, à l'ouverture de la séance de l'Athénée Oriental. Brochure. Prix : 50 c.

5. *Discours* prononcé à Saint-Etienne, au Congrès des Orientalistes, en octobre 1875. Brochure. Prix 50 c.

SOUS PRESSE :

La Grammaire Phénicienne en français, traduite en anglais, en allemand, en hollandais, en russe, en italien, en espagnol, en portugais, en roumain.

Dictionnaire de la Langue Française, avec la justification de l'origine phénicienne pour tous les mots.

Même Dictionnaire pour le grec, le latin, et pour chacune des langues indiquées ci-dessus.

Argenteuil. — Imprimerie P. WORMS.

LA

LINGUISTIQUE DÉVOILÉE

PAR

L. LEVY-BING

« Mais puisqu'une induction pénétrante nous révèle toujours de plus en plus les secrets intimes du langage, et que chaque année de nouvelles découvertes viennent couronner les travaux des linguistes, nous n'avons aucune raison de douter que l'analyse grammaticale ne donne, avec le temps, des résultats aussi complets que l'analyse chimique. »

MAX MÜLLER, *La Science du Langage*, 6e Leçon, p. 234.

PARIS
F. VIEWEG, LIBRAIRE-ÉDITEUR
67, RUE DE RICHELIEU, 67

1880

INTRODUCTION

Ce livre, sans jamais quitter le terrain de la science, est destiné à faire connaître les moyens successifs que l'humanité a primitivement employés pour la communication de la pensée soit par des gestes, soit par des cris, soit par l'image plus ou moins exactement dessinée des objets ; à relater les progrès par lesquels divers peuples sont parvenus, à des degrés différents, au phonétisme, c'est-à-dire de la peinture des objets par le dessin à la peinture de ces mêmes objets par le son de la voix, jusqu'à ce que le génie des Phéniciens ou Chananéens eût créé cet instrument libérateur qu'on appelle l'alphabet.

La science démontre aujourd'hui que les alphabets usités dans le monde entier procèdent tous, et sans exception, de l'alphabet phénicien.

On verra dans le cours de cet ouvrage comment les Phéniciens, après leur admirable découverte, ont établi d'une façon toute mathématique les principes de leur langue, de sorte que, contrairement à l'histoire de toutes les langues, la langue des inventeurs de l'alphabet ne supporterait pas la moindre modification, et, qu'en effet, elle n'en a subi aucune depuis son origine jusqu'à nos jours.

Mais, nous dira-t-on, où est-elle cette langue des Phéniciens ? Montrez-nous les œuvres littéraires de ce peuple. Nous répondrons que ces œuvres n'existent plus, mais que la langue des Phéniciens a été adoptée et conservée par le peuple juif, et que nous retrouvons cette langue tout entière dans le texte de la Bible.

Les inscriptions de Tyr, de Sidon et de Carthage, déposées

dans les différents musées de l'Europe, ont été examinées ; et les mots qui les composent ont été reconnus, par la science, comme exactement identiques à ceux de la langue biblique.

Les Phéniciens, peuple navigateur, industriel et commerçant par excellence, ont communiqué leur invention à tous les pays connus ; ils avaient de nombreuses colonies, et ils entretenaient des relations avec tout le monde civilisé d'alors.

L'ALPHABET, par son seul nom, indique suffisamment la source d'où il émane, puisque ce mot, formé de deux éléments phéniciens, implique les vingt autres lettres, dont chacune exprime un objet désigné par un nom uniquement phénicien.

Nous ajoutons, qu'avec l'alphabet, les Phéniciens ont nécessairement fourni partout le vocabulaire de leur langue. Il est certain, d'ailleurs, que les Phéniciens ont également communiqué leurs écrits aux nations; nous en donnons des preuves évidentes. Il n'est pas douteux qu'ils attribuaient à leur invention le caractère universel. et ils devaient espérer que tous les peuples à qui ils s'adressaient, et qui ignoraient l'écriture, s'empresseraient de s'assimiler cette prodigieuse découverte.

Les Phéniciens avaient partout des résidants, qui ont dû expliquer aux divers peuples avec lesquels ils étaient en relation et en contact, leurs mots, leur alphabet, leur grammaire. Chacun de ces peuples, qui, pour toute écriture, ne possédait que l'hiéroglyphie, mais qui avait su se créer un langage *parlé*, chacun de ces peuples, disons-nous, renonçant à son idiome *parlé* jusqu'alors, s'est emparé du vocabulaire et des écrits des Phéniciens pour la confection de sa langue nouvelle, désormais alphabétique. Est-ce à dire qu'il ait pris chaque mot phénicien pour en faire un mot identique dans cette langue nouvelle? Pour cela il aurait fallu que ce vocabulaire suffit à tous les besoins des peuples indo-européens. D'ailleurs, chaque peuple conçoit un phénomène quelconque selon son tempérament et son intelligence. — Pour en donner une idée, indiquons ici, en citant M. Renan, le mot *tonnerre*, dont nous nous occupons longuement, au chapitre VII de ce livre : « Un même objet se présente aux sens sous mille faces, entre lesquelles chaque famille de langues choisit à son gré celle qui lui paraît caractéristique. Prenons, par exemple, le *tonnerre*. Quelque bien déterminé que soit un pareil phénomène, il frappe diversement l'homme et peut être également dépeint ou comme un bruit sourd, ou comme un craquement, ou comme une subite explosion de lumière, De là une multitude d'appellations : Adelung dit en avoir rassemblé plus de 350, toutes empruntées aux langues indo-européennes et toutes évidemment formées sur la nature (1). »

Quant à la grammaire phénicienne, les peuples n'avaient pas à l'appliquer, puisqu'ils créaient chacun une langue nouvelle. Cependant la grammaire phénicienne renfermait tout : article, nom, pronom, adjectif, verbe, participe, adverbe, préposition, conjonction, interjection, genre, nombre, déclinaison, conjugaison ; et la littérature biblique témoigne que les règles devaient y être formulées d'une admirable manière. Tandis que pour la confection de la grammaire grecque il a fallu le concours des grands philosophes joint aux efforts des professeurs qui, au sein de la Grèce, enseignaient les langues étrangères. Certainement la composition des grammaires sanscrite, latine, zende, slave, allemande, celtique, n'a pas été moins péniblement élaborée.

Tous ces motifs nous donnent le droit d'affirmer ici — et nous en accumulons les preuves dans ce livre — que les langues de ces peuples ne font que reproduire la langue des Phéniciens, mais défigurée, faussée et généralement augmentée de plus de moitié. Donc, nous tous, Indo-Européens, nous parlons la langue phénicienne plus ou moins corrompue, et l'on comprend que la vraie langue phénicienne s'impose à nous avec ses linéaments exceptionnels, avec le pittoresque et l'énergie que les langues, ses filles, n'ont pas su s'approprier.

Disons-le tout de suite : l'antiquité n'a rien entendu à la question des langues ; la science moderne, surtout depuis la décou-

(1) E. Renan, *De l'Origine du Langage*, p. 139.

verte du sanscrit, vers la fin du siècle dernier, a été frappée de la parenté de la langue sacrée des Indiens avec les langues grecque, latine, zende, allemande, slave et celtique, et voilà pour quoi elle a supposé que tous les peuples qui parlaient ces langues devaient avoir eu une origine et une patrie communes. Négligeant l'histoire générale du langage, elle a cherché et continuerait vainement à chercher la mère de ces différentes langues qu'elle a classées sous la dénomination d'aryennes ou d'indo-européennes. Quant aux langues qu'elle nomme sémitiques, elles remonteraient à une source différente. Nous reconnaissons que les langues dites touraniennes ou tartares n'ont pas la même origine que les langues dites aryennes; nous en avons déterminé le caractère particulier dans un chapitre spécial intitulé: *Désinences.*

On n'a pas compris jusqu'à présent que les langues qui ont l'alphabet pour principe procèdent *nécessairement* de la première langue alphabétique, comme nous venons de le dire, et que le secret de l'essence des mots, secret qui fait le désespoir de la science, ne peut se découvrir que dans le sein même de cette première langue.

Il faut bien le reconnaître en effet : ce qu'on appelle encore de nos jours la science du langage consiste uniquement dans la recherche des transformations, par exemple, d'un mot latin devenu français, et dans l'examen de toutes les étapes que ce mot latin a parcourues pour arriver dans le français à sa forme définitive. Mais personne ne s'est avisé de rechercher l'essence du mot, la cause qui l'a produit; et, nous consacrons tout le chapitre VII, intitulé *Aveux de la science*, à constater les efforts inutiles des philologues pour arracher à ce sphinx son secret jusqu'ici impénétrable. Afin que le lecteur se prononce en toute connaissance de cause dans ce grand procès intenté ici à la science philologique ancienne et moderne, nous avons produit toutes les pièces de conviction les plus authentiques. Nous ne contournons pas les déclarations des linguistes; nous les citons, au cours même de ce livre, fidèlement, *in extenso*, les réfutant ou nous appuyant sur elles, au fur et mesure qu'il est nécessaire.

A la suite de cet ouvrage paraîtra LA GRAMMAIRE PHÉNICIENNE, rétablie par nous dans sa simplicité primitive, d'une extrême facilité; au lieu que la science ne connaît que la méthode hébraïque, qui a l'inconvénient de dénaturer la belle prononciation de cette langue et d'en compliquer les règles au point d'en rendre l'étude presque impossible.

Jusqu'ici, dans l'enseignement public, on s'est attaché exclusivement à la littérature biblique, sans s'occuper de la langue biblique; aucun rapport n'ayant été aperçu entre les langues dites sémitiques et les langues dites aryennes, on ne pouvait songer à introduire dans le domaine courant de la pédagogie l'étude d'une langue qui semblait n'avoir aucune relation avec les autres. Ce rapport étant démontré, l'étude du phénicien devient obligatoire.

La langue phénicienne, en effet, répand la véritable lumière sur tout ce qui a été parlé et écrit jusqu'à nos jours, depuis la tradition quarante fois séculaire du langage commun jusqu'aux immortelles productions de l'esprit humain chez tous les peuples civilisés. Cette langue réunit tous les avantages : elle s'apprend aisément; sa concision est prodigieuse; en un mot, elle est le type du génie phonétique.

Et d'ailleurs, au point de vue politique comme au point de vue économique, elle offre un instrument de communication universel dont les nations possèdent, à leur insu, tous les éléments constitutifs dans leur propre langue.

Dans la première partie de ce livre, nous traitons de la marche progressive accomplie par l'humanité avant de parvenir au plus haut degré de perfection dans la science de la parole et de l'écriture, c'est-à-dire à l'alphabétisme. Puis nous procédons par voie inductive : les mots des langues dérivées sont ramenés à leur source, soit directement, soit en passant par les langues intermédiaires.

Dans la deuxième partie, nous procédons par voie déductive : un seul mot de la langue primitive donne naissance à une quantité prodigieuse de mots dans les langues dérivées. Pour forcer la conviction des esprits, nous avons eu soin d'appuyer les mots originels d'une citation ou de plusieurs citations d'auteurs bibliques, avec indication du chapitre et du verset.

Depuis quelques années, le savant professeur M. Maurice Douay, helléniste distingué, nous prête un concours aussi intelligent que dévoué. Nous sommes heureux de lui donner ici un témoignage de notre estime particulière.

CHAPITRE I

LA LANGUE UNIVERSELLE

Aujourd'hui, tous les peuples civilisés, malgré la diversité des langues, des religions, des mœurs et des gouvernements, se rencontrent dans un même esprit de solidarité, qui fait surtout explosion toutes les fois qu'un malheur public est signalé sur un point de l'univers. Le besoin de s'entr'aider, non-seulement par l'exercice de la bienfaisance, mais encore par la communication et l'échange des ressources commerciales, industrielles, littéraires, scientifiques et artistiques s'est manifesté dans ces derniers temps avec un éclat extraordinaire ; et cela ne doit pas nous étonner, car un instinct secret nous révèle qu'un même sang coule dans nos veines, que la famille humaine est une et indivisible.

De même que la fraternité et les nobles émulations ont abaissé ou franchi les frontières, la vapeur et l'électricité ont supprimé les distances. La pensée, qui traverse l'espace avec la rapidité de l'éclair, ne serait plus arrêtée par aucune entrave, si elle avait une forme unique qui permît de la saisir aussitôt qu'elle est transmise. — Dans un seul jour, le voyageur franchit des pays où le langage diffère essentiellement ; et comme il n'a pu se consacrer longtemps à l'étude des langues, il est condamné au mutisme, réduit à chercher des interprètes, ce qui lui enlève toute initiative et tous moyens d'action directs.

Ainsi, il est évident que ce qui sépare le plus les nations, c'est la différence des langues ; et nous sommes parvenus à une époque où cet inconvénient est devenu si insupportable que, de tous côtés, on fait des efforts pour arriver à la création d'une langue internationale. Cependant toutes les tentatives qu'on a successivement renouvelées dans ce but, devaient infailliblement échouer. En effet, loin de résoudre le problème si important de la linguistique, ceux qui ont imaginé une langue universelle n'ont fait que compliquer ce problème, et voici, à cet égard, l'opinion et la sage réflexion du président Desbrosses *(a)* :

« On ne s'occupe pas (ici), ainsi que l'ont fait quelques grammairiens, à fabriquer par art une langue factice qui, par l'usage universel qu'on en pourrait faire, tant verbalement que par écrit, tiendrait, dans le commerce et dans les connaissances de toutes les nations, le même lieu que l'algèbre tient dans les sciences numérales ; projet qu'on ne peut espérer de faire jamais adopter aux hommes dans la pratique. On se borne à montrer ici que ce fond de langage universel existe en effet. Au lieu de perdre le temps à essayer, sans fruit, ce que l'art pourrait faire, on y met à découvert ce qu'a fait la nature. Il y a au moins plus de réalité dans le résultat de ce travail, qu'il n'y en aurait dans l'autre (1). »

Or, si la solution n'en peut être trouvée dans des systèmes de langage absolument artificiels, elle doit nécessairement se rencontrer dans la constatation d'une langue existante.

Cette langue, c'est la langue alphabétique primitive.

Nous invoquons encore ici l'autorité du président Desbrosses :

« Que le système de la première fabrique du langage humain et de l'imposition des noms aux choses n'est donc pas arbitraire et conventionnel, comme on a coutume de se le figurer ; mais un vrai système de nécessité déterminé par deux causes. L'une est la construction des organes vocaux qui ne peuvent rendre que certains sons analogues à leur structure : l'autre est la nature et la propriété des choses réelles qu'on veut nommer. Elle oblige d'employer à leur nom des sons qui la dépeignent, en établissant entre la chose et le mot un rapport par lequel le mot puisse exciter une idée de la chose.

« Que la première fabrique du langage humain n'a donc pu consister, comme l'expérience et les observations le démontrent,

(a) Nous avons respecté l'orthographe de l'auteur.

(1) Présid. Desbrosses, *Traité de la Formation méchanique des langues et des principes physiques de l'étymologie* ; Discours préliminaire, p. XXIV-XXV.

qu'en une peinture plus ou moins complette des choses nommées; telle qu'il était possible aux organes vocaux de l'effectuer par un bruit imitatif des objets réels.

« Que cette peinture imitative s'est étendue de degrés en degrés, de nuances en nuances, par tous les moyens possibles, bons ou mauvais, depuis les noms des choses les plus susceptibles d'être imitées par le son vocal, jusqu'aux noms des choses qui le sont le moins ; et que toute la propagation du langage s'est faite, de manière ou d'autre, sur ce premier plan d'imitation dicté par la nature ; ainsi que l'expérience et les observations le prouvent encore.

« Que les choses étant ainsi, il existe une langue primitive organique, physique, nécessaire, commune à tout le genre humain, qu'aucun peuple au monde ne connaît ni ne pratique dans sa première simplicité; que tous les hommes parlent néanmoins, et qui fait le premier fond du langage de tous les pays : fond que l'appareil immense des accessoires dont il s'est chargé laisse à peine appercevoir (*a*).

« Que ces accessoires sortis les uns des autres de branches en branches, d'ordres en sous-ordres, sont tous eux-mêmes sortis des premiers germes organiques et radicaux, comme de leur tronc; qu'ils ne sont qu'une ample extension de la première fabrique du langage primitif tout composé de racines : extension établie par un système de dérivation suivi pas à pas, d'analogies en analogies, par une infinité de routes directes, obliques, transversales, dont la quantité innombrable, les variétés prodigieuses et les étranges divergences constituent la grande diversité apparente qu'on trouve entre tous les langages : que néanmoins toutes les routes, malgre la diversité de leur tendance apparente, ramènent toujours enfin, en revenant sur ses pas, au point commun dont elles se sont si fort écartées (1). »

(*a*) On verra à la page suivante qu'une partie essentielle du système proposé par l'auteur n'est conforme ni aux procédés scientifiques ni à la réalité des faits.

(1) Prés. Desbrosses, *liv. cité*, t. I, Disc. prélim., p. XIII-XVII.

L'auteur a magnifiquement dépeint la première *fabrique du langage*, et il fait pressentir, sans s'en douter, la découverte de la première langue alphabétique et son infiltration dans les langues dites aryennes. Mais on voit bientôt qu'il n'a pas même aperçu la marche progressive du monosyllabisme, de l'hiéroglyphie, *qui ont conduit au phonétisme*. Il suppose que cette langue primitive a été parlée dès les premiers temps de l'humanité et que *toutes les langues du monde en dérivent*. Ce qu'il n'a pas vu, c'est que les Phéniciens, profitant des progrès des Egyptiens, ont eu la fortune et le génie de créer l'alphabet et la langue dont l'auteur parle si bien. Il n'a pas reconnu qu'il y a des idiomes très nombreux qui ne tirent nullement leur origine de la première langue phonético-alphabétique des Phéniciens, idiomes que nous avons classés parmi les langues agglutinantes (voir notre chapitre VI). La formation des langues, selon M. Desbrosses, doit être attribuée aux efforts de la nature. On voit aussitôt dans quelle voie il s'engage, et le doute n'est plus permis dès le sixième chapitre de son ouvrage, chapitre intitulé : « De la langue primitive et de l'onomatopée. »

Après avoir dit : « Si en remontant de degrés en degrés la filiation généalogique des langages, on parvenait à en rapporter toutes les branches à une seule souche ou langue primitive, c'est là sans doute qu'il faudrait chercher les véritables racines des mots, » il déclare « qu'il n'est plus possible à présent de reconnaître quelle est la plus ancienne langue sur laquelle toutes les autres se sont formées. » Enfin, il conclut aussitôt après en ces termes : « Il n'y a nulle preuve en faveur soit de l'hébreu, soit d'aucun autre langage connu qui soit la langue primitive (1). »

Ainsi, on ne peut pas créer une autre langue sans s'égarer dans les fantaisies d'un nouveau langage qui ne repose ni sur la tradition, ni sur la raison. Toute la question se résume donc : 1° à prouver que cette langue alphabétique primitive existe réellement; 2° à démontrer que toutes les autres langues qui en

(1) Prés. Desbrosses, *liv. cité*, t. I, p. 209.

découlent, c'est-à-dire les langues dites aryennes ou indo-européennes, sont comme autant de dérivations qu'on peut suivre aisément à travers les temps et les générations, et faire remonter jusqu'à la source commune.

Avant de déterminer le caractère essentiel de cette langue primitive, nous croyons fort à propos de citer un passage de Descartes, relatif à cette grande question :

« Et si quelqu'un avait bien expliqué quelles sont les idées simples qui sont en l'imagination des hommes, desquelles se compose tout ce qu'ils pensent, et que cela fût reçu par tout le monde, j'oserais espérer ensuite une langue universelle fort aisée à apprendre, à prononcer et à écrire, et, ce qui est le principal, qui aiderait au jugement, lui représentant si distinctement toutes choses, qu'il lui serait presque impossible de se tromper ; au lieu que, tout au rebours, les mots que nous avons n'ont quasi que des significations confuses, auxquelles l'esprit des hommes s'étant accoutumé de longue main, cela est cause qu'il n'entend presque rien parfaitement. Or, je tiens que cette langue est possible, et qu'on peut trouver la science de qui elle dépend, par le moyen de laquelle les paysans pourraient mieux juger de la vérité des choses que ne font maintenant les philosophes. Mais n'espérez pas de la voir jamais en usage ; cela suppose de grands changements en l'ordre des choses, etc. (1) »

Descartes, en effet, dont le sublime esprit ne s'était pas attaché à l'étude spéciale de la linguistique, ne pouvait, surtout dans la situation où se trouvait alors cette science, espérer qu'un jour on écarterait le voile qui couvrait depuis tant de siècles la véritable langue qu'il désire. Et précisément cette langue renferme dans son sein tous les éléments d'une langue *qui explique les idées simples qui sont en l'imagination des hommes*, d'une *langue universelle fort aisée à apprendre, à prononcer, à écrire*, et qui

(1) René Descartes, lettre datée d'Amsterdam, le 20 novembre 1629, au R. P. Mersenne, lettre 222, t. III de l'édit. in-4°.

selon Leibnitz, *si elle existait, ferait gagner au genre humain le tiers de la vie employé à l'étude des langues* (1).

Or, elle existe: C'est bien la LANGUE PHÉNICIENNE, seule onomatopique, par conséquent seule rationnelle.

Il est regrettable que cette force native de l'onomatopée ait été diminuée, parfois presque détruite, dans les mots des langues dérivées : cela tient à ce que, tout en conservant la forme originelle des radicaux, les Indo-Européens l'ont diversement défigurée, soit en modifiant les lettres du mot, soit en le surchargeant de lettres parasites, de préfixes, de suffixes, de flexions, qui en dérobent, mais n'en peuvent supprimer la marque authentique attestant la provenance phénicienne.

Un des obstacles qui a aussi empêché les érudits de reconnaître la langue phénicienne comme la langue mère de toutes les langues alphabétiques, c'est qu'ils n'avaient pas songé à l'identité de la langue phénicienne et de celle des Hébreux, identité qu'ils admettent aujourd'hui; c'est qu'ils n'avaient pas compris qu'après la longue route parcourue par le langage monosyllabique et hiéroglyphique pour arriver à la perfection du phonétisme, c'est-à-dire à l'alphabétisme, l'humanité, par le génie des Phéniciens, a obtenu le type de toutes les langues qui ont l'alphabet pour principe. Ajoutons à ces dificultés l'altération subie par la langue dite hébraïque. Le témoignage du prophète Isaïe (chap. XIX, v. 18) atteste suffisamment le caractère de la langue adoptée par le peuple juif: il la nomme langue de Chanaan, ce qui veut dire langue des Phéniciens.

L'addition arbitraire des signes diacritiques, sur lesquels nous reviendrons souvent, a produit une prononciation et une méthode vicieuses qui ont dénaturé le caractère et l'aspect de cette admirable langue, et lui ont enlevé sa ressemblance avec les langues qu'elle a engendrées. De là la diversité des systèmes: on a supposé que les langues, bien qu'alphabétiques, remontaient à des

(1) *Si una lingua esset in mundo, accederet in effectu generi humano tertia pars vitæ, quippe quæ linguis impenditur.* — Leibnitz, tom. I, 6e édition de Gênes 1768, p. 297.

sources différentes ; on a admis un système dit sémitique, un système dit aryen ou indo-européen et même un troisième système dit touranien.

La science, par ses organes les plus illustres, a laissé de côté la seule division qu'elle aurait dû établir : IDÉOGRAPHISME, PHONÉTISME ; et, à cause de cette omission, elle a été réduite à l'impuissance qu'elle déplore (1). De plus, si elle avait procédé logiquement, en partant du système monosyllabique pour la parole, du système hiéroglyphique pour l'écriture, si elle avait traversé le symbolisme, le moyen du rébus, pour parvenir au phonétisme, au syllabisme et enfin à l'alphabétisme, elle aurait été nécessairement conduite et s'en serait tenue à la première langue alphabétique, qui dévoile l'essence et la formation de tous les mots des langues auxquelles elle a donné naissance.

Dans toutes les langues, la langue phénicienne exceptée, on s'est servi, et on se sert encore des mots machinalement ; ils n'avaient, chez les anciens, et ils n'ont encore qu'une valeur de convention ; leur substance est une véritable énigme pour tout le monde. Il sera bientôt manifeste que tous les mots des langues dites aryennes, que nous appellerons langues *scientifiques*, dans leur forme et par leur sens, ne font que rappeler et perpétuer leur type originel. Nous le prouverons surabondamment dans le cours de cet ouvrage.

Les princes de la science, on ne saurait trop le répéter, ont déclaré formellement et unanimement que l'origine des mots dits aryens est encore introuvable. Il fallait donc ou s'arrêter avec eux devant cette muraille qui, élevée jusqu'au ciel, formait une enceinte infranchissable dans laquelle était gardé depuis tant de siècles le secret des langues indo-européennes, ou bien il fallait faire une brèche, s'élancer hors de l'enceinte, pénétrer dans une région nouvelle, l'explorer dans toutes ses parties, reconnaître avec certitude chacune des attaches qui la relie à la région an-

(1) Nous citerons au chap. VII, *Aveux de la science*, les paroles mêmes par lesquelles les plus grands linguistes reconnaissent cette impuissance.

cienne, et montrer que ce qu'on a cru deux mondes absolument séparés ne forme qu'un seul et splendide univers.

Parmi ceux qui nous avaient précédé dans la lutte se trouve M. l'abbé Latouche. Il a publié une grammaire et un dictionnaire hébraïques. Dans son dictionnaire hébreu-français, il cherche à montrer le rapport de la langue dite hébraïque avec les autres langues. Malheureusement, il établit des comparaisons douteuses et en néglige d'autres extrêment importantes. Dans sa grammaire à l'usage des Français, il a compris que les *points-voyelles* et les *accents toniques* ne font pas partie de la langue hébraïque. Il admet comme nous que cette langue possède les cinq lettres-voyelles ordinaires, ce qui est nié par tous les grammairiens.

Voici ces cinq lettres-voyelles : ע, י, ו, ה, א de droite à gauche, dont la correspondance, de gauche à droite, en lettres romaines, est *a*, *e*, *u*, *i*, *o*.

Mais en admettant la valeur fixe et absolue de ces cinq voyelles et en ne tenant plus aucun compte des signes diacritiques, comme le phénicien renferme une foule de mots et de parties de mots dans lesquels ne figure aucune voyelle, M. Latouche renversait tout le système de lecture et toute la méthode grammaticale sans rien mettre à la place. La prononciation des mots hébreux ou phéniciens qui ne contiennent aucune voyelle n'a pas été résolue par lui. La même difficulté arrête les chercheurs depuis les trois derniers siècles. Quelques jours de réflexion nous ont suffi pour nous expliquer cette anomalie apparente.

Tous ceux qui se sont occupés de l'étude de la grammaire hébraïque peuvent témoigner des embarras insurmontables de la méthode grammaticale en usage, qui a pour base cet élément étranger qu'on appelle points-voyelles, accents toniques et autres signes diacritiques, qu'une nécessité historique a intro duits dans la langue des Hébreux.

En effet, à la veille de la dispersion du peuple juif, les savants ont pris leurs précautions pour que la langue sacrée pût toujours être employée dans l'exercice du culte. Une telle prévoyance fut bientôt justifiée, car par suite de cette dispersion et des persécutions opiniâtres dont le peuple juif fut l'objet, la langue hébraïque serait devenue indéchiffrable pour le vulgaire, si on n'avait pas inventé cette série de signes additionnels qui permirent aux plus ignorants de lire et même de phraser. Dans notre chapitre IV, notamment page 68, nous prouvons amplement que ces points diacritiques, dont on a fait une science si considérable et si ardue, sont complètement étrangers à la langue phénicienne.

CHAPITRE II

L'ORIGINE DU LANGAGE

L'Académie des Inscriptions et Belles Lettres proposa, en 1858, la question suivante :

« Rechercher les plus anciennes formes de l'alphabet phéni-
« cien ; en suivre la propagation chez les divers peuples de
« l'ancien monde ; caractériser les modifications que ces peuples
« y introduisirent afin de l'approprier à leurs langues, à leur
« organe vocal, et peut-être aussi quelquefois en le combinant
« avec des éléments empruntés à d'autres systèmes graphiques. »

C'est sur ce sujet que, sans avoir encore épuisé la matière, M. F. Lenormant a publié un premier volume en 1872, un second en 1873, où il traite de la marche progressive des peuples depuis le monosyllabisme et l'hiéroglyphisme jusqu'au phonétisme et à l'alphabétisme pur.

Nous le citons textuellement :

« Tous les hommes, dès qu'ils ont vécu en société, — et l'on ne saurait admettre la conception de l'homme vivant dans un isolement absolu, en dehors d'un état de société, quelque sauvage qu'il soit, — ont éprouvé l'impérieux besoin de fixer par quelque procédé matériel leurs idées et leurs souvenirs. Tous les hommes également ont été conduits, par un instinct naturel que nous voyons se développer de très-bonne heure et d'une manière tout à fait spontanée chez l'enfant, à essayer d'imiter par le dessin les objets animés ou inanimés qui frappaient leur vue. Combiner ce besoin et cet instinct ; employer, au lieu de moyens mnémoniques résultant d'une convention tout à fait arbitraire, la representation plus ou moins grossière des objets matériels au moyen desquels on voulait conserver tel ou tel souvenir, éveiller telle ou telle idée, était une tendance non moins naturelle que celle de la simple imitation sans but déterminé. C'est d'elle que naquit l'hiéroglyphisme.

« Entendu dans un sens aussi général, l'hiéroglyphisme tenait si bien aux instincts les plus naturels de l'homme, que nous le voyons se montrer chez tous les sauvages à son état rudimentaire. Les peintures à moitié figuratives et à moitié mnémoniques que les indigènes de l'Amérique du Nord tracent sur les peaux qui forment leurs tentes ou brodent sur leurs vêtements, pour rappeler leurs exploits personnels ou ceux de leur race, montrent de quelle manière il débuta.

« Mais à cet état rudimentaire, l'hiéroglyphisme ne constitue pas encore une véritable écriture. Pour l'élever à cette qualité, il fallait un notable progrès de civilisation, amenant un développement à la fois dans les idées et dans les besoins de relations sociales plus grand que ne le comporte la vie sauvage. La plupart des peuples ne sont point parvenus spontanément à ce progrès de civilisation qui pouvait donner naissance à l'écriture ; ils y ont été initiés par d'autres peuples qui les avaient précédés dans cette voie, et ils ont reçu de leurs instituteurs l'écriture toute formée avec la notion des autres arts les plus essentiels. Aussi, lorsqu'on remonte aux origines, toutes les écritures connues se ramènent-elles à un très-petit nombre de systèmes, tous hiéroglyphiques au début, qui paraissent avoir pris naissance d'une manière absolument indépendante les uns des autres.

Ce sont :

1° Les hiéroglyphes égyptiens ;

2° L'écriture chinoise ;

3° L'écriture cunéiforme anarienne ;

4° Les hiéroglyphes mexicains ;

5° L'écriture calculiforme ou *Katouns* des Mayas du Yucatan.

« Ces cinq systèmes, tout en restant essentiellement idéographiques, sont parvenus au phonétisme. Mais, en admettant ce nouveau principe, ils ne l'ont pas poussé jusqu'au même degré de développement. Chacun d'eux s'est immobilisé et comme cristallisé dans une phase différente des progrès du phonétisme, circonstance précieuse et vraiment providentielle, qui permet à la science de suivre toutes les étapes par lesquelles l'art d'écrire a passé pour arriver de la peinture des idées à la peinture exclusive des sons, de l'idéographisme à l'alphabétisme pur, terme suprême de son progrès (1). »

Le caractère hiéroglyphique consiste dans la représentation de l'objet lui-même. Par exemple, l'objet *soleil* est représenté par la figure du soleil, plus ou moins exactement dessinée : c'est l'idéogramme *direct*.

Il fallut aussi exprimer l'idée abstraite. Ainsi, la clarté est représentée par l'image de l'objet qui produit la clarté, par exemple du *soleil*, de *la lune*, ou bien, comme chez les Chinois, par la peinture du soleil et de la lune ensemble : c'est l'idéogramme *indirect* ou le *symbolisme*. Le *symbole complexe* consiste dans la réunion de plusieurs images dont le rapprochement et la combinaison expriment une idée que le symbole simple n'aurait pas suffi à rendre : pour représenter un *ermite*, on peignait *un homme sur une montagne* ; le *chant* était représenté par *une oreille et un oiseau* ; le *mois*, par *un croissant renversé et une étoile*.

Ces dessins qui imitaient tant bien que mal les objets représentés, perdirent peu à peu leur forme ; ils furent remplacés par des signes qui ne ressemblaient plus du tout au dessin primitif, et qui ne furent plus que de pure *convention* ; on appelle *tachygraphie* (simplification) ces signes conventionnels ; elle constitue l'écriture *hiératique* et l'écriture *démotique*. Telle fut la méthode des Egyptiens, des Assyriens, des Chinois, etc.

Cependant « avec l'emploi exclusif de l'idéographisme on ne pouvait qu'accoler des images ou des symboles les uns à côté des autres, mais non construire une phrase et l'écrire de manière

(1) F. Lenormant, *Essai sur la propagation de l'Alphabet Phénicien dans l'ancien monde*, t. I, p. 9.

que l'erreur sur sa marche fût impossible. Il n'y avait aucun moyen de distinguer les différentes parties du discours ni les termes de la phrase, aucune notation pour les flexions des temps verbaux ou des cas et des nombres dans les noms. Sans doute, quelques règles de position respective entre les caractères idéographiques pouvaient jusqu'à un certain point, dans la langue écrite, remplacer tant bien que mal les flexions de la langue parlée, et le chinois classique a conservé pendant toute la durée de son existence littéraire des vestiges de cet état de choses; mais la ressource était bien imparfaite et ne pouvait fournir qu'un bien faible secours.

« En outre, le progrès des idées et des notions à exprimer par l'écriture tendait à faire de cet art un chaos inextricable à force d'étendue et de complication, si un nouvel élément ne s'y introduisait pas, et si on continuait à vouloir représenter chaque idée, chaque notion, chaque objet nouveau par une image spéciale ou par un symbole, soit simple, soit complexe

« Pour obvier à ces deux inconvénients, dont il fallait à tout prix se délivrer, si l'on ne voulait pas laisser la pensée à jamais emprisonnée dans des entraves qui eussent étouffé son développement d'une manière irréparable, les hommes furent conduits par une pente naturelle à joindre la peinture des sons à la peinture des idées, à passer de l'idéographisme au phonétisme.

« De leur essence même, les écritures purement idéographiques des époques primitives ne peignaient aucun son. Représentant exclusivement et directement des idées, leurs signes étaient absolument indépendants des mots par lesquels les idiomes parlés des peuples qui en faisaient usage désignaient les mêmes idées. Ils avaient une existence et une signification propres, en dehors de toute prononciation; rien en eux ne figurait cette prononciation, et la langue écrite était par le fait assez distincte de la langue parlée, pour qu'on pût très-bien entendre l'une sans connaître l'autre, et *vice versâ*.

« Mais l'homme n'a jamais écrit que pour être lu; par conséquent, tout texte graphique, quelque indépendant qu'il ait pu être par son essence de la langue parlée, a nécessairement été prononcé. Les signes des écritures idéographiques primitives représentaient des idées et non des mots ; mais celui qui les lisait traduisait forcément chacun d'eux par le mot affecté dans l'idiome oral à l'expression de la même idée. De là vint, par une pente inévitable, une habitude et une convention constante d'après la quelle tout idéogramme éveilla dans l'esprit de celui qui le voyait tracé, en même temps qu'une idée, le mot de cette idée, par conséquent une prononciation.

« C'est ainsi que naquit la première conception du phonétisme, et c'est dans cette convention, qui avait fini par faire affecter à chaque signe figuratif ou symbolique, dans son rôle d'idéogramme, une prononciation fixe et habituelle, que la peinture des sons trouva les éléments de ses débuts (1). »

Supposons que pour notre langue française il n'existe pas d'alphabet, que nous ne connaissions d'autre écriture que l'hiéroglyphie, bien que nous ayons une langue *parlée*. Si nous avions, par exemple, à écrire un nom romain, celui de *Tarquin*, nous serions fort embarrassés.

Pour y parvenir, il nous faut supposer encore que dans notre langue française *parlée,* l'objet *hache* porte le nom de *Tar :* le signe phonétique *Tar* serait alors évidemment représenté par la peinture d'une *hache* ; que l'objet *épée* porte le nom de *quin*, le signe phonétique *quin* serait aussi nécessairement représenté par la peinture d'une *épée*. Toutefois, remarquons le bien, n'ayant plus qu'une valeur phonétique, ces images ne représenteraient plus ni l'idée d'une hache, ni celle d'une épée. Elles signifieraient uniquement les deux sons articulés qui composent le mot *Tarquin*.

Cette hypothèse donne une idée de l'application du monosyllabisme par une sorte de *rébus*. En effet, « le premier pas, le premier essai de phonétisme dut nécessairement être ce que nous appelons le *rébus*, c'est-à-dire l'emploi des images primitivement idéographiques pour représenter la prononciation attachée à leur sens figuratif ou tropique, sans plus tenir aucun compte de ce sens, de manière à peindre isolément des mots homophones dans la langue parlée, mais doués d'une signification tout autre, ou à figurer par leur groupement d'autres mots dont le son se composait en partie de la prononciation de tel signe et en partie de celle de tel autre.

« La logique et la vraisemblance indiquent qu'il dut en être ainsi, et des preuves matérielles viennent le confirmer (1). »

A l'appui de cette théorie vient la citation suivante :

« L'écriture hiéroglyphique des Nahuas de l'Anahuac (les Mexicains), née et développée spontanément, dans un isolement absolu et sans communication aucune avec les peuples de l'ancien monde, après avoir commencé par être exclusivement idéographique, fut conduite à recourir aux ressources du phonétisme par les mêmes besoins et la même loi de progrès logique et régulière, qui avaient conduit à un résultat semblable, à d'autres âges, les Egyptiens, les Chinois primitifs et les auteurs de l'écriture cunéiforme anarienne. Mais dans la voie du phonétisme elle s'est arrêtée au simple *rébus,* sans faire un pas de plus en avant, et elle est devenue ainsi un précieux monument de cet état du développement des écritures, auquel elle s'est immobilisée

« Un seul exemple suffira pour montrer comment on y passe de la prononciation des signes purement idéographiques, indépendants de tout son par leur essence, mais constamment liés dans l'usage à un mot de la langue parlée, au phonétisme réel par voie de *rébus.*

« Le nom du quatrième roi de Mexico, Itzcohuatl « le serpent d'obsidienne », s'écrit idéographiquement dans un certain nombre de manuscrits aztèques par l'image d'un serpent (*Cohuatl*) garni de flèches d'obsidienne (*Itzli*) :

(1) F. Lenormant, *liv. cité*, t. 1, p. 59.

« Cette figure constitue un idéogramme complexe, peignant la signification même du nom royal, directement, sans tentative d'expression phonétique; mais qui, lu dans la langue parlée, ne pouvait, par suite des idées qu'il figurait, être prononcé autrement que *Itzcohuatl*.

« Le même nom est écrit dans le célèbre manuscrit de Vergara :

« Il s'y compose de la flèche d'obsidienne (itzli—racine *itz*), d'un vase (*Comitl*—racine *co*), enfin du signe de l'eau (*atl*), qui, dans l'intention des scribes aztèques, représentait des *gouttes*. Dans cette nouvelle forme on ne saurait plus chercher d'idéographisme, ni de peinture symbolique de la signification du nom, mais bien un pur *rébus*, une peinture des sons par des images matérielles employées à représenter le mot complet auquels elles correspondaient dans la langue (1). »

« Les livres historiques ou religieux des anciens Mexicains, antérieurs à la conquête, se composaient exclusivement de tableaux figuratifs où l'écriture n'était employée qu'à former de courtes légendes explicatives à côté des personnages. Aussi l'élément phonétique, tel que nous venons de le montrer, n'y est-il guère appliqué qu'à tracer des noms propres. Mais, dans les premiers temps de la conquête, ce phonétisme par *rébus* reçut une extension toute nouvelle, lorsque les missionnaires franciscains s'efforcèrent de doter les indigènes de l'Anahuac de traductions des prières chrétiennes, écrites au moyen du système graphique national (2). »

(1) Aubin, *Mémoire sur la peinture didactique et l'écriture figurative des anciens Mexicains*, dans la Revue orientale américaine, t. IV, p. 23, 24 et suiv., et F. Lenormant, *liv. cité*, p. 25 et suiv.

(2) F. Lenormant, *liv. cité*, t. I, p. 25.

« Quoique les historiographes et les hiérogrammates mexicains, dit le saint et illustre Las-Casas dans son *Historia apologitica de las Indias Occidentales*, n'eussent point une écriture comme nous, ils avaient toutefois leurs figures et caractères à l'aide desquels ils entendaient tout ce qu'ils voulaient, et de cette manière ils avaient leurs grands livres composés avec un artifice si ingénieux et si habile, que nous pourrions dire que nos lettres ne leur furent pas d'une grande utilité.

« Nos religieux ont vu de ces livres, et moi-même j'en ai vu également de mon côté, bien qu'il y en ait eu de brûlés sur l'avis des moines, dans la crainte qu'en ce qui touchait la religion ces livres ne vinssent à leur être nuisibles. Il est arrivé quelquefois que quelques-uns d'entre les Indiens, oubliant certaines paroles ou particularités de la doctrine chrétienne qu'on leur enseignait, et n'étant pas capables de lire notre écriture, se mettaient à l'écrire en entier avec leurs propres figures et caractères, d'une manière fort ingénieuse, mettant la figure qui correspondait chez eux à la parole et au son de notre vocable ; ainsi, pour dire *amen*, ils peignaient quelque chose comme de l'eau (qui se dit en mexicain *a*, racine de *atl*), avec la plante agave (*metl)*, ce qui, dans leur langue, se rapproche de *amen*, parce qu'ils disent *ametl*, et ainsi du reste. Quant à moi, j'ai vu une grande partie de la doctrine chrétienne ainsi écrite en figures et en images, qu'ils lisaient comme je lis nos caractères dans une lettre, et c'est là une production peu commune de leur génie. On possède encore un certain nombre de ces prières et de ces catéchismes écrits avec les hiéroglyphes des anciens Nahuas (1). »

Quant à l'écriture calculiforme ou *Katouns* des Mayas du Yucatan, la science ne s'en est occupée que dans la première moitié de ce siècle, et les noms de Stephens, Catherwood, prirent place à la tête de ces études où ils sont suivis de Waldeck, Brasseur de Bourbourg et M. Léon de Rosny.

A la suite de l'évêque espagnol Landa, qui vécut au XVIe siècle, l'abbé Brasseur de Bourbourg, ne connaissant plus de bornes, s'est lancé dans des recherches fantastiques ; il prétendait tout déchiffrer, lire l'écriture Maya comme il lirait l'anglais. Il est prouvé aujourd'hui qu'il n'a absolument rien lu, et que de ses prétendus déchiffrements il ne reste plus un iota. Sur le bruit qui se faisait autour de Brasseur de Bourbourg, une commission du Mexique fut nommée par le gouvernement français en 1864, et les recherches de cette commission n'ont abouti à aucun résultat.

M. de Rosny, dans le mémoire qu'il a lu à Nancy, au Congrès des américanistes, en 1875, a peut-être pénétré plus avant dans ce labyrinthe, tout en déclarant qu'il serait prématuré de se servir de ces nouveaux faits pour aborder la traduction des Inscriptions du Yucatan. Il résulte des travaux de M. de Rosny, et il est à souhaiter que bientôt il puisse en donner des preuves positives, si précieuses pour la science, que de même qu'en Egypte et chez les Assyriens, il y a eu au Yucatan trois sortes d'écritures hiéroglyphiques: les hiéroglyphes, écriture sacrée, l'hiératique, écriture vulgaire des prêtres, et le démotique, écriture du peuple. Il n'existe encore aucune preuve, dit M. de Rosny, que les Mayas soient arrivés à l'alphabet. Cinq ans se sont écoulés depuis le Congrès de Nancy, et nous n'avons pas eu connaissance de la suite des travaux de M. de Rosny.

Les langues *parlées* des anciens peuples étaient ou monosyllabiques ou polysyllabiques. Celle des Chinois était monosyllabique. Aussi l'emploi du *rébus* devait nécessairement amener du premier coup à la découverte de l'écriture syllabique. « Chaque signe idéographique, dans son emploi figuratif ou tropique, répondait à un mot monosyllabique de la langue parlée qui en devenait la prononciation constante ; par conséquent, en le prenant dans une acception purement phonétique pour cette prononciation complète, il représentait une syllabe isolée. L'état du *rébus* et l'état d'expression syllabique dans l'écriture se sont donc trouvés identiques à la Chine, et c'est à cet état de développement du phonétisme que le système graphique du

Céleste Empire s'est immobilisé, sans faire un pas de plus en avant, depuis trente siècles qu'il a franchi de cette manière le premier degré de la peinture des sons.

« Mais en chinois, ce n'est que dans les noms propres que nous rencontrons les anciens idéogrammes simples ou complexes employés isolément avec une valeur exclusivement phonétique, pour leur prononciation dans la langue parlée, abstraction faite de leur valeur originaire comme signe d'idée (1). »

Par exemple, s'ils veulent écrire le nom d'un personnage s'appelant *Lin*, dont la traduction française est *forêt*, ils recourent à un signe hiéroglyphique représentant une *forêt*, mais dont le dessin tachygraphique ou simplifié ne ressemble plus du tout à celui d'une forêt. S'agit-il d'un personnage se nommant *Lin-Tchu*, dont la traduction française est *Forêt rouge* (une forêt rouge), ils se servent de deux signes hiéroglyphiques conventionnels, dont nous avons indiqué le premier, et dont le second doit représenter la couleur rouge.

La prononciation et l'hiéroglyphe étant identiques, on se sert d'idéogrammes pour écrire des mots étrangers à la langue chinoise : « par exemple *anglais* se prononce par *ing-ki-li*, *jésuite* par *ya-sou-hoei-sse*, *christianus* ou *chrétien* par *ki-li-sse-tang* (ils n'ont pas la lettre *r*). Chacun de ces mots se compose de monosyllabes, qui sont à leur tour des mots chinois, et qui ont abandonné dans cette combinaison leurs significations primitives (2). »

« Le nombre des syllabes possibles à former par la combinaison d'une articulation ou consonne simple initiale et d'un son vocal venant après pour y servir de motion, même en admettant comme élément de formation les diphthongues et les terminaisons nasales, est nécessairement restreint. La langue chinoise en admet 450, que la variation des accents ou *tons* porte à 1203. Mais une langue douée d'une littérature étendue et correspon-

(1) F. Lenormant, *liv. cité*, t. I, p 35.

(2) A. Schleicher, *Les Langues de l'Europe moderne*, trad. Ewerbeck Paris, Ladrange, Garnier frères, 1852, p. 64.

dant à un développement considérable d'idées et de civilisation ne saurait limiter son vocabulaire à 1203 mots. De là résulte nécessairement que dans tout idiome monosyllabique, et particulièrement en chinois, on rencontre une très grande quantité de mots exactement homophones. Comme tous les mots de la langue se composent d'une seule syllabe, chaque syllabe dont l'organe est susceptible représente un certain nombre d'acceptions sans rapport les unes avec les autres. Une confusion presque inextricable résultant de ce fait ne peut donc être évitée que si l'on a, pour distinguer les mots homophones, les acceptions diverses d'une même syllabe, recours à quelque moyen d'éclaircissement particulier, à quelque élément étranger à la prononciation phonétique.

« Dans la langue parlée cet élément est le geste, dans la langue écrite une combinaison constante de l'idéographisme et du phonétisme, qui est tout à fait propre au chinois. Cette combinaison constitue ce qu'on appelle le système des *clefs*, système analogue dans son principe à celui des *déterminatifs* dans les hiéroglyphes égyptiens, mais dont les Chinois ont seuls fait une application aussi étendue et aussi générale, en même temps qu'ils le mettaient en œuvre par des procédés à eux spéciaux.

« Le point de départ de ce système est la faculté, propre à l'écriture chinoise, de former indéfiniment des groupes complexes avec plusieurs caractères originairement distincts. Un certain nombre d'idéogrammes simples — 214 en tout — ont donc été choisis parmi ceux que comprenait le fond premier de l'écriture avant l'introduction du phonétisme, comme représentant des idées générales et pouvant servir de rubriques aux diverses classes entre lesquelles se répartiraient les mots de la langue. Et il faut noter en passant que les Chinois admettent comme idées génériques des notions qui pour nous ont bien peu ce caractère, car on trouve parmi les clefs celles des *grenouilles*, 黽, des *rats*, 鼠, des *nez*, 鼻, des *tortues*, 龜, etc. Les idéogrammes ainsi choisis sont ce qu'on appelle les *clefs*. Ils se combinent avec des signes originairement simples ou complexes, pris uniquement pour leur prononciation phonétique, abstraction faite de tout vestige de leur valeur idéographique, de manière à représenter toutes les syllabes de la langue. Ainsi sont formés des groupes nouveaux, à moitié phonétiques et à moitié idéographiques, dont le premier élément figure le son de la syllabe qui constitue le mot, et le second, la *clef*, indique dans quelle catégorie d'idées doit être cherché le sens de ce mot. Les trois quarts des signes de l'écriture chinoise doivent leur origine à ce mode de formation.

« Un exemple en fera mieux connaître le mécanisme.

« La syllabe *pà* est susceptible en chinois de huit acceptions absolument différentes, ou, pour parler plus exactement, il y a dans le vocabulaire des habitants de l'Empire du Milieu huit mots homophones, bien que sans rapport d'origine entre eux, dont la prononciation se ramène à cette syllabe. Si donc le chinois s'écrivait au moyen d'un système exclusivement phonétique, en voyant *pà*, dans une phrase, l'esprit hésiterait entre huit significations différentes, sans indication déterminante qui pût décider à choisir l'une plutôt que l'autre. Mais avec le système des *clefs*, avec la combinaison de l'élément idéographique et de l'élément phonétique, cette incertitude, cause permanente des plus fâcheuses erreurs, disparaît tout à fait. Le signe adopté dans l'usage ordinaire pour représenter phonétiquement la syllabe *pà* est 巴, dont la valeur idéographique primitive s'est complétement oblitérée, comme il est arrivé plus d'une fois pour les signes d'un usage habituel comme phonétiques. Le signe 巴 isolé ne se rencontre que dans les noms propres d'hommes et de lieux, où il représente purement et simplement la syllabe *pà*. Si l'on y ajoute la clef des *plantes*, 芭, il devient, toujours en gardant la même prononciation, le nom du « bananier »; qu'on remplace cette clef par celle des *roseaux*, en conservant le signe radical et phonétique, 笆, on obtient la désignation d'une sorte de « roseau épineux ». Avec la clef du *fer* 鈀, le mot *pà* est caractérisé comme le nom du « char de guerre »; avec la clef des *vers*, 蚆, comme celui d'une espèce de coquillage; avec la clef du *mouton*, 羓, comme celui d'une préparation particulière de viande séchée. La clef des *dents*, 䶕, lui donne le sens de « dents de travers »; celle des *maladies*, 疤, lui fait signifier « cicatrices »; enfin, celle de la *bouche*, 吧, un « cri ».

« On voit par cet exemple combien la combinaison des éléments phonétiques et idéographiques, qui constitue le système des *clefs*, est ingénieusement calquée sur les besoins et le génie propre de la langue chinoise, et quelle clarté elle répand dans l'expression graphique de cette langue, impossible à peindre d'une manière intelligible avec un système de phonétisme exclusif. Sans doute la faculté presque indéfinie de créer de nouveaux signes complexes, par moitié phonétiques et par moitié idéographiques, paraît dans le premier abord effrayante à un étranger, car, avec les idéogrammes simples et complexes, elle donne naissance à plus de 80,000 groupes différents. Mais il est toujours facile d'analyser ces groupes, dont les éléments se réduisent à 450 phonétiques et 214 déterminatifs idéographiques ou *clefs*, et la méthode qui les produit était la seule par laquelle pût être évité l'inconvénient, bien autrement grave, qui serait résulté de la multiplicité des mots homophones.

« Mais ce dernier point, mis en lumière de la façon la plus spirituelle par Abel Rémusat, n'intéresse pas directement notre sujet. Ce que nous cherchons à suivre, ce sont les progrès successifs par lesquels le phonétisme s'introduisit dans les écritures primitivement idéographiques et les étapes qui conduisirent la peinture des sons de l'emploi du pur et simple *rébus* à l'invention de l'alphabet proprement dit. Dans cet ordre de recherches, le seul point qu'il nous importait de constater était que, par suite de la nature même de l'idiome qu'elle était appelée à tracer, la part phonétique de l'écriture chinoise constitue à la fois un phonétisme par voie de *rébus*, puisqu'elle se compose de caractères originairement idéographiques pris pour la représentation de leur prononciation complète et un système d'écriture syllabique, puisque par le fait chacun de ces caractères ne peint qu'une seule syllabe (1). »

Les Japonais ont réalisé un grand progrès sur leurs instituteurs, les Chinois, en parvenant à créer une sorte d'alphabet qui repose sur le système syllabique : sous le nom de Syllabaire *Kata-Kana* et de *Fira-Kana*, ils ont composé 47 syllabes et une 48e indiquant la nasale, au moyen desquelles ils écrivent tous leurs textes.

Ce progrès consiste dans le remplacement de l'hiéroglyphisme par le système *phonético-syllabique*. Cependant leurs signes figuratifs peuvent encore être pris dans le sens hiéroglyphique. Par exemple, « il est tel hiéroglyphe chinois (*Actes de la Société d'Ethnographie*, t. VII, p. 179) signifiant *ciel*, et qui peut conserver cette valeur en japonais ; au moyen de la tachygraphie, il peut devenir le caractère syllabique *Te* du *Fira-Kana*. »

Nous avons vu que chez les Chinois le système hiéroglyphique était purement monosyllabique. Il n'en était pas de même chez les Egyptiens et les Assyriens, dont la langue *parlée* était polysyllabique, et l' « identité de l'état de *rébus* et de l'état de syllabisme, qui confond en un seul deux des degrés ordinaires du développement de l'élément phonétique dans les écritures originairement idéographiques et hiéroglyphiques, n'était possible qu'avec une langue à la constitution monosyllabique comme le Chinois (2). »

Donc pour les Egyptiens et les Assyriens, « le système du rébus ne donnait pas du premier coup les moyens de décomposer les mots en leurs syllabes constitutives et de représenter chacune de ces syllabes séparément par un signe fixe et invariable. Il fallait un pas de plus pour s'élever du rébus au syllabisme.

(1) F. Lenormant, *liv. cité*, p. 35-38.
(2) Id., *ibid.*, p. 39.

« Ce pas fut fait également dans les deux systèmes des hiéroglyphes égyptiens et de l'écriture cunéiforme ; mais les habitants de la vallée du Nil surent pousser encore plus avant et atteindre jusqu'à l'analyse de la syllabe, décomposée en consonne et en voyelle, tandis que ceux du bassin de l'Euphrate et du Tigre s'arrêtèrent au syllabisme et laissèrent leur écriture s'immobiliser dans cette méthode imparfaite de l'expression des sons.

« Chez les uns comme chez les autres, ce fut le système du *rébus*, première étape du phonétisme, qui servit de base à l'établissement des valeurs syllabiques. Elles en furent tirées par une méthode fixe et régulière, que nous désignerons sous le nom d'*acrologique* (1). »

Le système cunéiforme, d'après la tradition, a été transmis au peuple assyrien-babylonien par un ancien peuple que les philologues appellent touranien, accadien ou sumérien et dont la langue a laissé des traces. On ne saurait se faire une idée des complications où ce système a conduit les Assyriens qui l'ont adopté, et dont ils n'ont pu sortir pendant plus de quinze siècles. Ils n'en ont été délivrés que par l'introduction de l'alphabet chez eux.

L'origine du système cunéiforme n'a été que l'abréviation, la tachygraphie ou l'hiératique de l'idéographie. Mais tandis que les Egyptiens, au moyen de *l'acrologie*, parvinrent à la décomposition de la syllabe en voyelles et en consonnes, les Assyriens s'immobilisèrent dans le pur syllabisme.

Répétons-le : les Egyptiens, comme les Assyriens, eurent recours à l'acrologie, avec cette différence que les premiers, comme nous le verrons tout à l'heure, arrivèrent par là à former une lettre alphabétique, au lieu que les derniers ne s'en servirent que pour produire une syllabe.

Supposons que les Assyriens eussent voulu former le mot imaginaire ANKAPI. Ils se seraient servis d'un signe cunéiforme ainsi

(1) F. Lenormant, *liv. cité*, p. 39.

composé 𒀭, dont l'hiéroglyphe primitif représentait une étoile. Ce signe idéographique voulait dire « Dieu » et était prononcé AN*nap*. Ils auraient donc eu, par la méthode acrologique, la première syllabe AN. Pour la seconde syllabe, ils auraient employé un autre signe cunéiforme 𒄩, dont l'hiéroglyphe primitif était un « poisson » et était prononcé KA*l*. Ils avaient ainsi, par la méthode acrologique, leur deuxième syllabe KA ; donc jusqu'à présent, ANKA. Pour la troisième syllabe, ils auraient fait usage d'un troisième signe cunéiforme 𒉿, dont l'hiéroglyphe primitif était une « oreille » ; ce signe idéographique voulait dire également « oreille » et était prononcé PI*l*. Ils avaient, par conséquent, leur troisième syllabe PI, et enfin le mot ANKAPI.

CHAPITRE III

ALPHABÉTISME

Il est certain que ce qui a forcé les peuples, les Assyriens et les Egyptiens surtout, à s'avancer vers le phonétisme, c'est l'obligation où ils se sont trouvés d'écrire les noms propres étrangers qui n'avaient pas dans leurs langues parlées de mots dont la prononciation reproduisît celle de ces noms propres.

« J'ai déjà fait pressentir que, pour rendre les *sons* et les *articulations*, et former ainsi une écriture phonétique, les Egyptiens prirent des hiéroglyphes figurant des objets physiques ou exprimant des *idées* dont le nom ou le mot correspondant en langue parlée commençait par la voyelle ou la consonne qu'il s'agissait de représenter (1). » C'est encore le système acrologique, mais cette fois par l'emploi de la première consonne ou de la première voyelle pour former un caractère alphabétique.

Qu'on veuille, par exemple, écrire en égyptien le nom propre imaginaire : BAKOL. On prendra un objet de la nature, ayant dans la langue parlée des Egyptiens un nom dont la première articulation est *b*. Nous aurions à choisir entre les mots *bahsi*, vache ; *baampé*, chevreau ; *bareit*, bouc ; *baschor*, renard ; *bonsch*, chacal, pour en former la première lettre. Pour former la seconde lettre de notre mot, nous prendrions l'objet *azom*, aigle ; pour la troisième lettre nous choisirions entre les objets *kelol*, bassin ; *kooh*, angle ; *kalibi*, enceinte entourée de murs ; *képé*, plafond ;

(1) Champollion, *Précis du système hiéroglyphique des Anciens Egyptiens*, p. 73.

klaft, capuchon; pour la quatrième, *oké*, roseau ; pour la cinquième, nous nous servirions de *labo*, lion.

Donc, pour figurer le nom BAKOL, nous peindrions les cinq objets suivants :

1° Une vache,
2° Un aigle,
3° Un bassin,
4° Un roseau,
5° Un lion.

Nous faisions remarquer plus haut que peu à peu on a abandonné la peinture exacte des objets, et que, sous le nom d'hiératique et de démotique, on a fait des dessins d'abord simplifiés, puis tout à fait méconnaissables.

On peut se rendre compte des grands obstacles que le monde ancien rencontrait pour exprimer une pensée et la fixer d'une manière durable. Outre la difficulté de l'imitation de l'objet par le dessin, il fallait choisir parmi les objets dont les noms commençaient par la lettre nécessaire. Chacun prenait ces objets selon son caprice, et l'on ne doit pas s'étonner des embarras que présentait la lecture de ces hiéroglyphes.

Les Egyptiens, tout en s'élevant à l'alphabétisme, n'en ont pas moins fait usage des hiéroglyphes, comme moyen phonétique par le *rébus* et comme moyen de formation *de syllabes*. Les Assyriens de même, ou plutôt les inventeurs des caractères cunéiformes, avant d'arriver au *syllabisme*, se sont servis du *rébus* comme moyen phonétique (*a*).

Nous arrivons à cet immense progrès accompli dans l'art graphique, et qui a consommé l'émancipation de l'humanité.

C'est aux Chananéens, c'est-à-dire aux Phéniciens, que revient l'honneur de cette bienheureuse révolution.

« Nous ne connaissons aucun alphabet proprement dit antérieur à celui des Phéniciens, et tous ceux dont il existe des monuments, ou qui se sont conservés en usage jusqu'à nos

(*a*) Il serait trop long de rapporter ces détails ; mais nous recommandons aux curieux la lecture des pages 30-35 et 43-45 du livre cité de M. F. Lenormant. Lire aussi, dans ce livre, les pages 61-79 sur la polyphonie, nouvelle source des plus grandes difficultés chez les Assyriens et chez les Egyptiens.

jours, procèdent plus ou moins directement du premier alphabet, combiné par les fils de Chanaan et répandu par eux sur la surface du monde entier (1). »

« Pour affirmer que l'alphabet sémitique, tel que nous le connaissons, toujours semblable à lui-même, est réellement une création des Sémites, il n'est point nécessaire de soutenir que les Sémites, en le créant, ne se sont appuyés sur aucun essai antérieur. Il suffit que l'idée de l'alphabétisme, cette merveilleuse décomposition de la voix humaine, leur appartienne en propre. Or, ceci ne peut être mis en doute (2). »

« Les plus anciennes inscriptions de l'alphabet hindou ont été gravées sur des rochers vers le troisième siècle avant notre ère ; l'origine de cette écriture paraît connue aujourd'hui et l'on s'accorde généralement à la rattacher à l'ancien alphabet sémitique dont nous avons parlé (3). »

Il reste à savoir par quels développements successifs les Phéniciens sont parvenus à cet admirable résultat. Chose bien digne de remarque : la science, comme nous venons de le voir, nous entretient des timides et pénibles essais tentés dans l'art du langage par les Mexicains, les Chinois, les Assyriens, les Egyptiens, etc., et elle est complètement muette sur la marche progressive de cet art chez les Phéniciens. Il est à regretter que la paléographie n'ait pu signaler aucun vestige des travaux graphiques qui certainement ont dû être accomplis par eux pour les rendre aptes à réaliser ce progrès que les Egyptiens n'ont pu faire.

Nous ne signalerons pas les obstacles qu'on attribue au caractère sacré de la langue égyptienne, appelée « écriture des divines paroles », et, au contraire, à l'avantage qui est résulté pour les Phéniciens d'être peu religieux et « au fond presque athées »; cette appréciation peut être juste, mais il n'en est pas

(1) F. Lenormant, *liv. cité*, p. 85.
(2) E. Renan. *Histoire des langues sémitiques*, p. 104.
(3) A. Hovelacque, *La Linguistique*, p. 270.

moins certain que le genre humain doit aux Phéniciens l'invention de l'alphabet.

« Ainsi les Phéniciens seuls étaient capables de tirer un dernier progrès de la découverte des Egyptiens, et de pousser la conception de l'alphabétisme à ses dernières conséquences pratiques, en inventant l'alphabet proprement dit. Ce fut en effet ce qui arriva, et la gloire du dernier et du plus fécond progrès de l'art d'écrire appartient en propre aux fils de Chanaan.

« Le témoignage de l'antiquité est unanime pour leur attribuer cette gloire.

« Qui ne connaît les vers tant de fois cités de Lucain, épigraphe toute trouvée pour ceux qui traitent la question dont nous avons fait, quant à présent, le sujet de nos études ?

Phœnices primi, famæ si creditur, ausi
Mansuram rudibus vocem signare figuris.
Nandum flumineas Memphis contexere biblos
Noverat; et saxis tantum, volucresque feræque,
Sculptaque servabant magicas animalia linguas.

Lucan., *Pharsal.*, III, v, 220-224.

Pline dit également : *Ipsa gens Phœnicum in magna gloria litterarum inventionis.*

Hist. Nat., V, 12 ,13.

Clément d'Alexandrie :

Φοίνικας καὶ Σύρους γράμματα ἐπινοῆσαι πρώτους.

Stromat., I, 16,75.

Pomponius Mela se sert des termes suivants : *Phœnicen illustravere Phœnices, solers hominum genus, et ad belli pacisque munia eximium ; litteras et litterarum opera, aliasque etiam artes, maria navibus adire, classe confligere, imperitare gentibus, regnum prœliumque commenti.*

De Sit. Orb., I, 12.

Enfin, pour nous borner aux témoignages considérables, et laisser de côté ceux d'une valeur secondaire, on se souvient des expressions de Diodore de Sicile :

Σύροι εὑρεταὶ τῶν γραμμάτων εἰσί.

V, 74.

« Ici les témoignages littéraires sont pleinement confirmés par les découvertes de la science moderne (1). »

Maintenant est-il vrai que la figure des lettres phéniciennes ait été puisée en Egypte? Nous en doutons, et nous n'en voulons pour preuve que la signification de chacune de ces lettres dans la langue phénicienne. Elles n'ont aucun rapport avec la signification des signes hiératiques de la langue égyptienne. Appuyons-nous à cet égard sur l'opinion de Gesenius, cité par M. F. Lenormant lui-même, en ces termes : « Il tendait à considérer les lettres phéniciennes comme sans rapport avec les autres systèmes graphiques des âges primitifs et découlant d'un hiéroglyphisme dont les figures originaires seraient expliquées par les appellations de la nomenclature conservée à la fois chez les Grecs et chez les Hébreux (2). »

On sait que le grand mérite des Phéniciens, outre qu'ils ont écarté de l'écriture tout signe hiéroglyphique, en tant qu'idéogramme ou syllabe, a été de s'arrêter à un objet unique de la nature pour signifier chacune des vingt-deux lettres de l'alphabet, tandis que les Egyptiens figuraient la même lettre par des objets différents. Par exemple, les Egyptiens, pour représenter le son

Traduction littérale des citations ci-contre :

Les Phéniciens ont les premiers, si l'on en croit la tradition, osé désigner d'une manière stable les mots par des caractères grossiers. Memphis n'avait pas encore joint ensemble les feuilles du papyrus qui croît aux bords du Nil, et se contentait de conserver la langue hiéroglyphique au moyen d'oiseaux, de bêtes sauvages et d'animaux gravés dans la pierre.

Lucain, *Pharsal* III, V, 220-224.

La nation elle-même des Phéniciens a eu la grande gloire d'inventer les lettres.

Pline, *Hist. nat.*, V, 12, 13.

Les Phéniciens et les Syriens ont les premiers inventé les lettres.

Clément d'Alexandrie, *Stromat.*, I, 16, 75.

Les Phéniciens ont illustré leur fondateur, race d'hommes industrieux, remarquables dans les fonctions de la guerre et de la paix. Ils ont imaginé les lettres et les œuvres produites par les lettres et même d'autres arts, la navigation, les batailles navales, l'art de commander aux nations, de gouverner et de combattre.

Pomponius Méla, *De Sit. orb.*, I, 12.

Les Syriens sont les inventeurs des lettres.

Diodore de Sicile, V, 74.

(1) F. Lenormant, *liv. cité*, t. I, p. 83-85.

(2) Id., *ibid.*, p. 85-86.

a, prenaient indistinctement dans la nature un objet dont le nom, dans le langage parlé, commençait par le son *a*. Ainsi, ils employaient indifféremment la figure du roseau qu'ils appelaient *ake*, ou bien celle d'un aigle qu'ils nommaient *azom*, ou encore celle de tout autre objet dont le nom commençait par le son *a*. Pour la lettre *b*, nous l'avons indiqué plus haut, ils prenaient tantôt une vache, qu'ils appelaient *bahsi*, tantôt un chevreau, appelé *baampé*, ou un bouc, appelé *bareit*, et d'autres signes.

Les Phéniciens, au contraire, qui ont compris les graves inconvénients et la grande obscurité d'un tel système, ont eu le génie de choisir pour désigner chaque son un objet unique et *toujours le même*. Ainsi, pour le son *a* ils ont adopté le bœuf (la tête du bœuf, une partie pour le tout), qu'ils appelaient *alp*. Pour la lettre *b* ils ont pris la maison (une partie de la maison) qu'ils appelaient *bit*, et ils ont procédé de la même façon pour les vingt autres lettres de l'alphabet *(a)*.

Et, loin de figurer leurs signes alphabétiques par des signes acrologiques représentant des mots égyptiens, ils ont puisé ces mots dans leur propre vocabulaire. Quant à la ressemblance des caractères hiératiques égyptiens avec les caractères phéniciens archaïques, nous avons le regret de ne pouvoir partager l'opinion du comte de Rougé et de M. F. Lenormant, et nous nous rangeons plutôt au sentiment de Gesenius.

Qu'on en juge par le tableau ci-après, copie exacte de la planche I, contenue à la fin du premier fascicule du tome premier du livre cité par M. F. Lenormant.

(a) Au point de vue de la forme des 24 lettres qui composent leur alphabet, les Grecs ont modifié les lettres correspondantes de l'alphabet phénicien selon la méthode de βουστροφηδὸν, d'après laquelle ils ont retourné les lettres de gauche à droite. C'est ainsi que 𐤌 phénicien archaïque est devenu μ, *m*. Il va sans dire que ce retournement a passé de la direction des lettres à celle de l'écriture, qui a marché de gauche à droite Les autres peuples indo-européens ont fait comme les Grecs, excepté les Persans, qui dans leur écriture zend ont conservé la marche phénicienne, de droite à gauche. Nous faisons observer — ce qui est d'une importance capitale — que les noms donnés par les Grecs à chacune des lettres de leur alphabet reproduisent exactement, ou plutôt servilement, les noms des mêmes lettres phéniciennes : *Alp*, bœuf en phénicien, a été appelé par les Grecs *Alpha*, mot qui dans leur langue n'a aucun rapport avec le sens de bœuf. Il en est de même pour toutes les autres lettres : *Bit* en phénicien, *Béta* en grec, etc.

PLANCHE I.

Origine de l'Alphabet Phénicien.

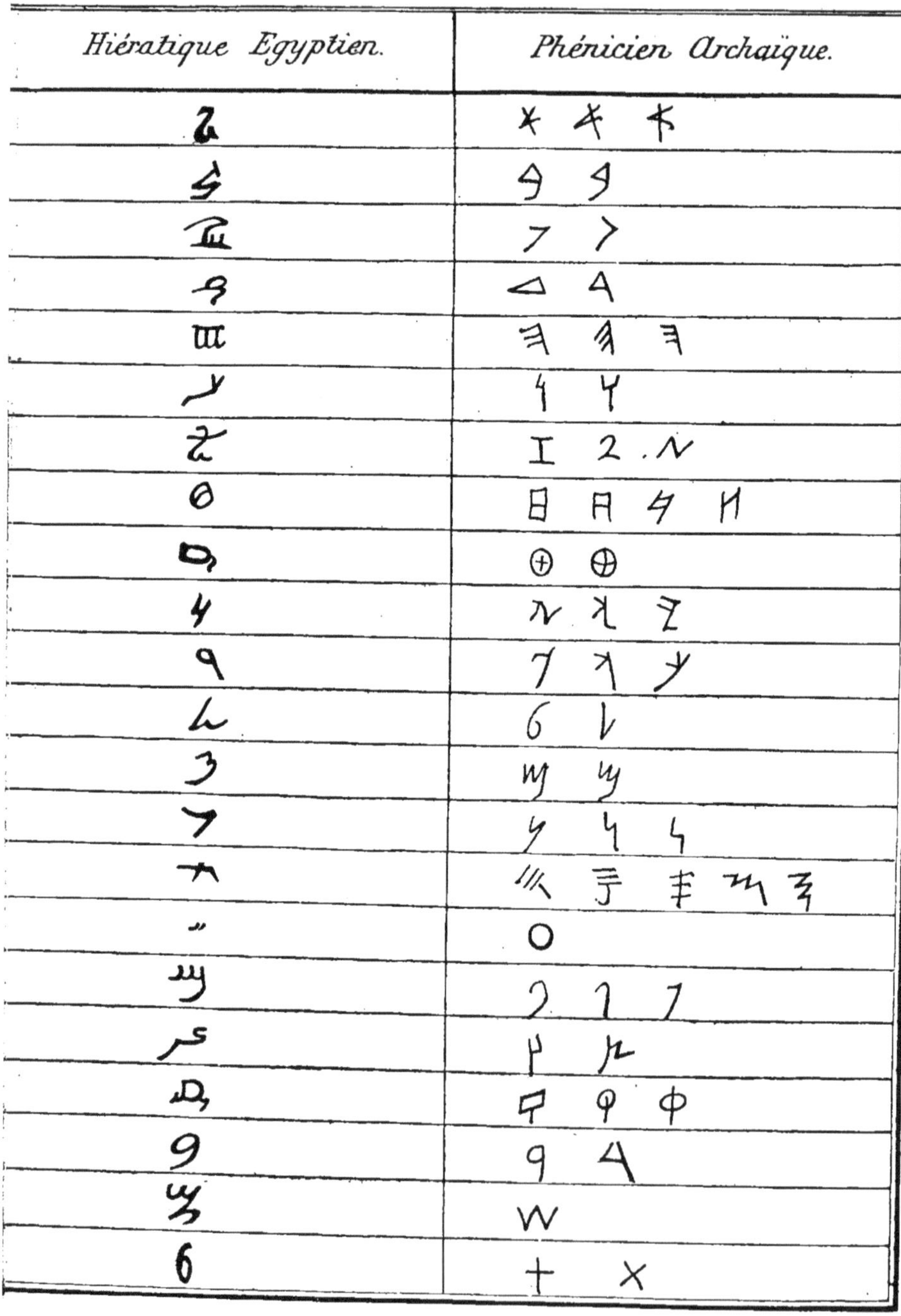

Quelques-unes de ces figures n'offrent entre elles qu'une ressemblance lointaine, et le mouvement rectiligne des Phéniciens tranche avec le mouvement curviligne des Egyptiens.

Cependant, s'il fallait choisir entre le système de Charles Lenormant et celui du comte de Rougé, nous préférerions celui du premier. En effet, d'après Ch. Lenormant, les Phéniciens auraient fait un choix parmi la masse des hiéroglyphes égyptiens dont ils auraient changé la puissance phonétique, en suivant, comme les Egyptiens, la méthode acrologique appliquée à leur propre langue. On aurait donc emprunté aux Egyptiens le dessin d'une *tête de bœuf*, et, sans tenir compte de ce que cette figure pouvait signifier dans l'hiéroglyphe égyptien, on en aurait fait la lettre אלף *alp* ou *alf*, *a* du système phénicien, parce que le mot « bœuf » *alp* en phénicien, commençait par cette lettre. La lettre *b*, dont le caractère phénicien représentait un segment de maison, aurait été formée dans les mêmes conditions à cause du mot phénicien בית *bit* « maison ».

Donc les Phéniciens :

1° auraient emprunté à l'Egypte le principe de l'alphabétisme et la méthode acrologique ;

2° de même, le système d'après lequel sont tracées les figures affectées au rôle de lettres ;

3° mais en même temps, valeurs nouvelles pour les figures, valeurs puisées dans la langue phénicienne, d'après la même méthode et le même principe qui avait fait puiser par les Egyptiens, dans leur propre langue, les valeurs des images qu'ils employaient alphabétiquement.

Le comte de Rougé pose le principe que voici :

Non seulement les Phéniciens ont emprunté à l'Egypte le système de l'alphabétisme et de l'acrologisme, mais, pour la formation de leurs caractères alphabétiques, ils ont originairement eu recours aux hiéroglyphes hiératiques égyptiens euxmêmes, ayant la même valeur phonétique et représentant les mêmes objets de la nature. Seulement les Phéniciens ont fait choix d'un objet unique parmi ceux dont la lettre initiale avait chez les Egyptiens, la même valeur phonétique ; et ce n'est que dans la suite qu'ils ont abandonné ces signes hiératiques pour mettre à la place d'autres signes dont le nom avait, dans leur langue, la même initiale. Par exemple, pour la lettre *a*, ils ont remplacé la figure égyptienne de l'aigle — dont le nom prononcé en égyptien est *azom* et dont le premier son est *a* — par une autre image dont le nom, prononcé chez eux, a la même initiale, par le bœuf ou plutôt par la tête du bœuf, en phénicien *alp*. Pour former la lettre *b*, ils ont substitué à la figure égyptienne de la grue — dont le nom prononcé en égyptien nous est inconnu, mais qui commençait par un *b* — la figure d'un autre objet, dont le nom prononcé en phénicien, a la même initiale, une maison ou un segment de maison, *bit*. Et de même pour toutes les autres lettres, (*a*).

Il est bien possible que les Phéniciens, voisins des Egyptiens, aient eu connaissance des progrès accomplis par eux dans l'art graphique, et qu'ils aient été instruits dans le moyen de se servir de l'image d'objets de la nature pour figurer chacun des caractères de leur alphabet. Mais d'après le système de M. de Rougé, les Phéniciens auraient abandonné la figure représentant un nom égyptien pour la remplacer par l'image d'un objet dont le nom, dans la langue parlée de la Phénicie, commençait par un son identique au son initial du nom égyptien. Cette hypothèse est purement gratuite, et fait peu d'honneur au peuple qui a inventé le seul et vrai système alphabétique, accepté successivement par toutes les nations.

On a reconnu, nous n'en doutons pas, le peu de ressemblance qui existe entre les caractères hiératiques égyptiens et les lettres phéniciennes archaïques. En adoptant le système de Charles Lenormant, ce peu de ressemblance est tout justifié, et il suffit à condamner l'opinion du comte de Rougé et celle de

(*a*) Lire dans F. Lenormant, *liv. cité*, les pages 85-94, où sont exposés. sur ce sujet, les principes de Gesenius, de de Rougé et de Ch. Lenormant.

M. F. Lenormant. Encore une fois, si les Phéniciens ont réellement été les disciples des Égyptiens, le système de Charles Lenormant peut, selon nous, être seul accepté.

Avant d'initier le lecteur au Génie de la langue phénicienne, il est nécessaire de produire ici le sentiment du seul écrivain qui ait cherché partout ce qui pouvait rester de la littérature des Phéniciens ou Carthaginois. Voici en quels termes M. Paul Schröder, dans son livre : « La Langue Phénicienne », rend compte de cette exploration difficile et des résultats obtenus : « La littérature des Phéniciens remonte au temps les plus reculés; ce peuple, partout où il s'établit, répandit la lumière, et le monde civilisé tout entier lui est redevable de son système graphique. Et cependant, de cette riche littérature rien ou presque rien n'est parvenu jusqu'à nous. Quelques fragments de l'histoire phénicienne de Sanchoniaton et des Périples de Hanno ont été conservés par la traduction grecque, mais tous les monuments littéraires des Phéniciens et des Carthaginois ont disparu sans laisser la moindre trace. Nous sommes donc le seul et unique explorateur de la langue phénicienne, au moyen des Inscriptions et des Légendes Numismatiques récemment trouvées, et au moyen des mots phéniciens qui ont été transmis par les auteurs grecs et romains (noms propres et gloses) et des textes du Pœnulus de Plaute (*a*).

« Ces fragments de la langue phénicienne nous offrent une source inférieure à celle des Inscriptions, parce que, avec la meilleure volonté du monde, il n'est pas toujours possible d'exprimer dans un autre idiome les sons d'une langue qu'on n'a eu ni la faculté ni le soin d'étudier suffisamment, de façon à les rendre exactement en grec et en latin : souvent, en effet, les traducteurs ont arbitrairement omis ou ajouté des lettres..... Par exemple, la forme קרת חדשת (*b*), c'est-à-dire *Villeneuve, Neapolis*,

(*a*) Tous ces écrits sont entièrement dépourvus de signes diacritiques.

(*b*) Qu'il faut prononcer Q*a*R*a*T H*a*D*a*CH*a*T.

est devenue Καρχηδών, et en latin *Carthago*; אפא אחרת (a) — c'est-à-dire *l'autre Hippo* — est devenue Ἱππάγρετα en grec, et *Ippo acheret* en latin... . (1). » — Malgré ces altérations, on reconnait sans peine dans les textes du Pœnulus les origines phéniciennes, et des mots phéniciens dans leur intégrité, semblables pour le *fond* et la *forme* au texte biblique.

(a) Qu'il faut prononcer APA AHaRaT.

(1) P. Schröder, *La Langue Phénicienne*, Halle, 1869, p. 40-41.

CHAPITRE IV

GÉNIE DE LA LANGUE PHÉNICIENNE

Après avoir traité sommairement de l'origine du phonétisme et de l'alphabétisme, il nous reste à parler du génie tout particulier de la langue des Phéniciens, de cette langue alphabétique primitive dont toutes les langues alphabétiques tirent leur origine (*a*). Nous allons prouver par des démonstrations nombreuses l'infiltration de cette langue dans le sanscrit, le zend, le grec, le latin, l'allemand, le slave et le celtique ; ce sera en même temps prouver que la division des langues en langues sémitiques, aryennes et touraniennes, division adoptée par le science, n'est pas fondée.

Nous avons dit dans notre chapitre I que la langue phénicienne est une langue toute *onomatopique* et par conséquent *rationnelle.* La constatation de ce fait est d'une importance capitale : c'est le trait essentiel du génie de cette langue, et notre affirmation à ce sujet est déjà une réponse à la science.

La science déclare en effet que « nulle lumière n'existe sur la matière du langage, sur l'origine du son, sur la cause des faits ; les différents groupes humains emploient des sons différents pour désigner les mêmes aperceptions, les mêmes notions » ; elle déclare ignorer pourquoi, par exemple, « la racine *i* signifie *aller* et non *s'arrêter*, et pourquoi le groupe phonique *stah* ou *sta* veut dire *s'arrêter* et non *aller*. » Elle demande pourquoi telle racine a été choisie plutôt que telle autre pour rendre une

(*a*) Nous renvoyons le lecteur à notre chapitre VI ci-après ; il y verra que par langues alphabétiques nous entendons les langues ***scientifiques***, dites aryennes. Il y trouvera également la manière dont l'alphabet a été introduit dans les langues connues sous le nom de langues ***agglutinantes.***

pensée. Encore une fois, ce n'est pas le hasard qui a présidé à la formation des mots originels, mais l'esprit le plus ingénieux a trouvé dans les sons qui composent le mot la représentation la plus frappante possible de l'objet désigné par ce mot.

Dans notre Introduction, ainsi que dans le chapitre I, il est indiqué que la science moderne a complètement séparé la source des langues dites sémitiques et la source des langues dites aryennes ou indo-européennes. Et cependant les principaux philologues, dont nous allons citer les témoignages, semblent hésiter sur cette distinction ; et l'on verra que, frappés eux-mêmes de la parenté de ces deux classes de langues, ils sont quelque peu embarrassés pour expliquer ce phénomène.

« A côté de ces recherches systématiques et téméraires, il en est d'autres, moins ambitieuses, dont les auteurs, sans aspirer à révéler le mode primitif d'éclosion des langues sémitiques et indo-européennes, se contentent de signaler entre les deux familles, soit des analogies générales, soit des rapprochements de détail, et concluent de ces rapprochements, non à une dérivation positive, comme le voudraient MM. Furst et Delitzch, mais à un air général de parenté, à une affinité anté-grammaticale. Les philologues dont nous parlons supposent que les peuples sémitiques et indo-européens, sortis d'un même berceau, auraient d'abord parlé en commun une même langue rudimentaire, analogue à la langue chinoise, dont les éléments se retrouveraient dans les radicaux bilitères de l'hébreu ; ce sont, en effet, ces radicaux bilitères qui offrent avec les langues indo-européennes les rapprochements les plus acceptables.

« Les deux races se seraient séparées avant le développement complet des radicaux, et surtout avant l'apparition de la grammaire. Chacune aurait créé à part ses catégories grammaticales, sans autre rapport qu'une certaine similitude de génie. Telle est l'opinion à laquelle semblent se ranger MM. Bopp. G. de Humboldt, Ewald, Lassen, Lepsius, Benfey, Pott, Keil, Bunsen, Kunik, etc. Elle obtenait, jusqu'à un certain point, l'assentiment de M. E. Burnouf, bien que cet excellent esprit hésitât dans une voie aussi périlleuse, et n'ait pas peu contribué à m'inspirer, sur ce point, une réserve qu'au début de mes études philologiques je ne gardais pas autant qu'aujourd'hui (1). »

« Ainsi l'anthropologie n'aurait pas été amenée à la distinction des peuples indo-européens et des peuples sémitiques, si l'étude des langues n'avait démontré que l'hébreu, le syriaque, l'arabe, d'une part, le sanscrit, le grec, les langues germaniques, etc., d'autre part, constituent deux ensembles irréductibles. L'hypothèse la plus naturelle qui se présente pour expliquer un tel phénomène est de supposer qu'une race unique, sortie d'un même berceau, s'est scindée en deux branches avant de posséder un langage définitif. Ce qui semble confirmer cette hypothèse, c'est que les deux systèmes de langues dont nous parlons, quoique tout à fait distincts, ne laissent pas d'offrir un certain air de famille, à peu près comme deux jumeaux qui auraient grandi à une petite distance l'un de l'autre, puis se seraient séparés tout à fait vers l'âge de quatre ou cinq ans (2). »

« Nous admettons volontiers que les langues sémitiques et indo-européennes ont en réalité un assez grand nombre de racines communes, en dehors de celles qui proviennent d'un emprunt fait à une époque historique. Seulement est-on en droit de conclure de l'existence de ces racines l'unité primitive ou anté-grammaticale de deux familles? Ici le doute commence, et il n'est guère permis d'espérer que la science arrive jamais sur ce point à des résultats démonstratifs (3). »

« Un problème s'est souvent offert à nous dans les livres précédents : la distinction des langues sémitiques et des langues indo-européennes est-elle une distinction radicale, absolue, impliquant nécessairement une diversité d'origine et de race?..... Klaproth essaya le premier, depuis la création de la philologie comparée, de rapprocher les racines sémitiques des racines indo-germaniques, et crut avoir démontré que les deux familles de langues, si différentes sous le rapport grammatical, posssé-

(1) E. Renan, *Histoire des langues sémitiques*, p. 427-428.
(2) Id. *De l'Origine du Langage*, p. 17-18.
(3) Id. *Histoire des langues sémitiques*, p. 433.

daient un certain nombre de racines, dont la présence de part et d'autre, ne pouvait s'expliquer par un emprunt. Klaproth n'avait qu'un sentiment très médiocre de la vraie méthode comparative; son essai laissa beaucoup à désirer : cependant la distinction qu'il établit entre la comparaison des procédés grammaticaux et la comparaison des éléments lexicographiques, la première n'amenant qu'à voir des différences entre les deux familles, la seconde révélant des analogies inattendues, devait rester dans la science. Bopp et Norberg essayèrent des rapprochements du même genre, mais avec aussi peu de succès. M. Lepsius, de son côté, aborda le même sujet avec une méthode plus originale que sûre, et crut découvrir dans le sanscrit et l'hébreu des traces d'un genre commun, antérieur au plein développement de ces deux idiomes.

« Gesenius et son école portèrent une méthode meilleure dans ces obscures et dangereuses recherches. Les rapprochements des racines sémitiques avec celles du sanscrit, du persan, du grec, du latin, du gothique occupent une place importante dans les derniers travaux de l'illustre professeur de Halle. Ce ne sont plus cette fois des parallélismes superficiels et satisfaisants seulement pour l'oreille : ce sont de vraies analyses étymologiques, conduites d'après la méthode qui a mené les études indo-européennes à de si beaux résultats. Persuadé de la séparation radicale des deux familles, et cherchant beaucoup moins à les fondre l'une dans l'autre qu'à suivre leurs analogies respectives, Gesenius se préserva des exagérations où d'autres devaient tomber après lui. Les rapprochements qu'il tente dans le *lexicon manuale* sont, en général, assez judicieux ; seulement il faut avouer qu'ils prouvent peu de chose pour la thèse qu'il s'agit d'établir. La plupart tombent sur des racines dont la ressemblance s'explique, soit par l'onomatopée, soit par des raisons tirées de la nature même de l'idée. Gesenius pensait, du reste, que pour trouver les analogies démonstratives, il fallait dépouiller les racines sémitiques de leur forme trilitère, et remonter jusqu'au thème primordial bilitère, d'où les racines actuelles sont dérivées par l'addition d'une troisième consonne accessoire ; hypothèse hardie dont la valeur a été discutée précédemment (1). »

« La patrie primitive de l'une était si peu éloignée de celle de l'autre race (sémitique et indo-européenne), qu'on peut très bien par ce simple fait géographique expliquer beaucoup de leurs ressemblances et de leurs coïncidences en mythes, en contes populaires, en dénominations, etc. (2). »

« Le cadre grammatical est complètement différent dans ces deux familles ; ce qui n'exclut pas, cependant, la possibilité d'une origine commune, et la comparaison des racines des langues sémitiques, réduites à leur plus simple forme, avec celles des langues aryennes, est venue confirmer l'opinion des savants qui croient à l'identité primitive des éléments matériels d'où toutes ces langues sont sorties (3). »

« Les coïncidences qu'on a souvent signalées avec la famille sémitique, où l'on a, par exemple, l'hébreu *shésh*, six, *shebà*, sept, devaient dès lors être expliquées comme remontant à une époque anté-grammaticale où les deux familles étaient encore confondues en une seule (4). »

C'est au peuple juif que le monde est redevable de la précieuse conservation de la langue phénicienne, car il ne reste nul vestige de monuments littéraires des Phéniciens et des Carthaginois (*a*). Il a suffi des nombreuses inscriptions sur pierre ou sur métal, dont la garde est confiée aux divers Musées de l'Europe, pour la constatation de l'identité parfaite de la langue phénicienne et de la langue hébraïque. Il est à remarquer que ces inscriptions ne présentent *aucune trace de signes diacritiques*. Nous mentionnerons notamment la pierre tumulaire du roi de Sidon *ACHaMaNOZaR*, appartenant au Musée du Louvre, qui contient un millier de lettres, et le Tarif des Sacrifices de Carthage, conservé au Musée de Marseille, contenant une même quantité de lettres.

(1) E. Renan, *Histoire des langues sémitiques*, 418-422.
(2) A. Schleicher, trad. Ewerbeck, *Les lang. de l'Europe*, p. 160.
(3) Max Müller, *La Science du Langage*, 8e Leçon, trad. franç., 1864, p. 305.
(4) Michel Bréal, *Mélanges de Mythologie et de Linguistique*, p. 385.
(a) Revoir page 48.

A l'appui de cette identité, nous citons les auteurs ci-après :

« On est obligé de supposer qu'avant les Israélites d'autres nations sémitiques possédaient l'écriture et des écrits. Nulle part, en effet, si ce n'est dans des traditions modernes sans aucune valeur, les Hébreux ne se donnent comme ayant inventé l'écriture : ils l'ont donc empruntée à quelqu'un des peuples avec lesquels ils étaient en rapport, sans doute les Phéniciens (1). »

« De nouvelles découvertes, dans le domaine de l'épigraphie phénicienne, ont démontré avec évidence, que Phéniciens et Hébreux parlèrent essentiellement la même langue. . . . . . Les tribus nomades hébraïques, qui, sous Abraham et d'autres chefs, émigrèrent du pays nord-est pour habiter la terre de Chanaan, adoptèrent la langue de leurs nouveaux compatriotes, et finirent par désapprendre leur langue maternelle (2). »

Abraham, en effet, antérieurement à l'an 2000 avant notre ère, était venu habiter la terre de Chanaan ; et voici la parole d'un illustre philologue sur l'intéressante question qui nous occupe :

« Lorsque les enfants d'Israël immigrèrent en Egypte, ils apportaient avec eux la connaissance de l'écriture alphabétique. Leurs plus anciens documents contiennent des passages qu'il est permis de supposer avoir été écrits avant le départ pour l'Egypte ; il y a d'autres passages rédigés avant la présence de Moïse en Egypte. Si au contraire, ils étaient arrivés dans la terre du Nil sans connaître l'écriture, ils n'auraient pas manqué, pendant leur séjour dans ce pays, de s'approprier le système hiéroglyphique, ce qui n'a pas eu lieu (3). »

N'avons-nous pas d'ailleurs la preuve que Moïse, en Egypte, avait une profonde connaissance de l'idiome phénicien ? Son magnifique chant de triomphe, après la traversée de la mer Rouge,

(1) E Renan, *Histoire des langues semitiques*, p. 102-103, s'appuyant de Gesenius et d'Ewald.

(2) Schröder, *liv. cité*, p. 7. L'auteur s'autorise de Joseph Scaliger, Albert Schultens, saint Augustin, saint Jérôme, Priscien, Gesenius, Movers, Gruber, qui tous reconnaissent l'identité du phénicien punique et de l'hébreu, à une époque où les Inscriptions phéniciennes étaient encore inconnues.

(3) H. Wuttke. *L'Origine de l'Ecriture* (*Die Entstehung der Schrift*), Leipzig, 1872, p. 723.

en témoigne amplement. Il est évident que les Israélites ne comprenaient pas le langage des Egyptiens, puisqu'un interprète était nécessaire entre Joseph et ses frères avant qu'il ne se fît connaître à eux (1). Plus tard le peuple israélite fit la conquête du pays de Chanaan, qui devint son propre pays, comme la langue de Chanaan devint sa propre langue (2); la Bible est écrite en cette langue : l'immortalité de ce Livre immortalise la langue.

Nous avons indiqué plus haut par quelle nécessité historique des signes diacritiques ont été introduits dans la langue hébraïque ou phénicienne. Nous disions également que ces signes diacritiques appelés *points-voyelles, accents toniques et autres*, avaient créé pour cette langue une méthode grammaticale extrêmement compliquée et d'une étude très difficile. Mais ce qui tout d'abord prouve le caractère étranger de ces signes, c'est qu'ils sont *rigoureusement* bannis de l'écriture sacrée des rouleaux de parchemin renfermés dans l'arche sainte des synagogues. La science, d'ailleurs, reconnaît que ces signes n'ont été mis en usage qu'à l'époque de la destruction de la nationalité juive. Citons à l'appui le passage ci-après :

« Lorsque la prise de Jérusalem eut détruit la constitution du corps sacerdotal hébraïque et consommé la dispersion de la nation juive, on craignit que la tradition, qui s'était jusqu'alors conservée dans le sacerdoce et chez les docteurs, ne vînt à s'oblitérer et en se perdant ne finît par faire oublier le sens des livres de la Loi. Dès lors on chercha les moyens de la fixer et on commença à établir une notation de la prononciation (3). »

(1) *Genèse*, XLII, 23.

(2) שפת כנען chp-t cnon [*Isaïe* XIX, 18], La langue de Chanaan. (Le vrai nom est *Cnon;* nous démontrerons à satiété la substitution de la lettre ע *o* à la lettre *a*, dans les langues dérivées).

Schröder, *La Langue phénicienne*, p. 9, cite le même verset où Isaïe inspire à Aben-Esra ces paroles :

בזה נלמד כי הכנענים בלשון הקדש דברו — Par là nous apprenons que les Chananéens s'exprimaient en langue sacrée.

(3) F. Lenormant, *liv. cité*, t. I, p. 315.

On voit que la notation des voyelles remonte à l'époque de la destruction de la nationalité juive, et qu'elle ne peut être attribuée qu'*à la crainte que la tradition, qui s'était jusqu'alors conservée dans le sacerdoce et chez les docteurs, ne vînt à s'oblitérer, et en se perdant ne fît oublier le sens des livres de la loi.*

M. F. Lenormant avait déjà très nettement insisté sur l'intégrité de la langue chananéenne ou phénicienne, avant de raconter dans quelles circonstances on avait introduit les signes diacritiques :

« D'abord, pour ce qui regarde l'alphabet chananéen lui-même, tant qu'il fut en usage dans quelques-unes des contrées de son domaine, comme en Afrique encore vers le temps de saint Augustin. il n'admit jamais aucune annotation de voyelles....... Quant aux premiers alphabets sémitiques dérivés de la source phénicienne, aucun d'eux ne présente de traces d'une expression de voyelles par des signes spéciaux, ni l'hébraïque primitif, ni les trois alphabets communs à tous les Araméens (1). »

La tradition israélite n'est pas moins explicite sur l'absence de notation de voyelles pendant le temps de la nationalité juive. Voici ce que nous lisons dans un travail récent, écrit en langue hébraïque, *sans annotation de signes diacritiques*, analysé en langue française par un de nos savants bien connus :

« Mais qui a imaginé ces voyelles (les points-voyelles), et les accents toniques? Qui en a fixé les figures, telles que nous les possédons maintenant?......... Les uns attribuent à l'époque d'Ezra (Esdras) l'usage d'écrire les voyelles et de les représenter sous cette forme, en s'appuyant sur *Néhémie*, VIII, 8, et l'exégèse talmudique *Méguilla*, 3ᵃ; Ezra aurait fixé tout ce qui est relatif aux voyelles et aux accents, comme il a fait pour le Targoum, pour les prières et bénédictions (*a*). D'autres font remonter la convention plus haut. Il est bien entendu que nous parlons seulement de la figure et des noms des voyelles et des accents ; car la

(1) F. Lenormant, *liv. cité*, p. 308.

(*a*) Nous doutons qu'Esdras ait jamais songé à annoter quoi que ce soit ; et quant au verset cité de *Néhémie*, il n'a aucun trait aux voyelles et aux

vocalisation et l'accentuation furent enseignées oralement, et données à Moïse sur le Sinaï. *Les mots d'un verset étaient écrits sans voyelles, ni accents, tels qu'on les avait prononcés*, et ils étaient lus correctement, comme on les avait entendus de Moïse, en élevant ou baissant ou soutenant le son, selon l'exigence du sens. *La tradition continuait jusqu'au commencement de l'exil où le langage s'altérait, et il fallait se mettre à l'œuvre, établir des signes, les fixer et les introduire dans les pentateuques.* Tout le monde pouvait de cette façon s'instruire rapidement, et conserver la prononciation pure de la langue sacrée selon la grammaire et comme elle avait été entendue de Moïse sur le Sinaï. Il n'y a que le rouleau sacré qui sert aux lectures de la synagogue, qui soit resté sans points-voyelles, et *tel que la loi avait été donnée sur le Sinaï*, de même que ce rouleau n'est pas accompagné du targoum (1). »

L'analysateur ajoute, en note :

« *Les grammairiens rabbanites reconnaissent généralement l'origine moderne des points-voyelles et des accents* (2). »

Nous avons souligné quelques passages de ces citations, dont il est aisé de voir l'importance.

Dans le même ouvrage, M. le Rabbin Jacob Sappir parle ainsi de l'origine des vingt-deux lettres de la langue hébraïque : « Le langage tout entier repose sur les vingt-deux lettres, révélées par l'intermédiaire de Moïse « l'humble » par excellence, gravées sur les deux tables du Décalogue, etc. (3). »

D'abord, l'alphabet n'a jamais été gravé sur les deux tables du Décalogue, et l'étrange assertion de ce rabbin montre qu'il s'est placé à un point de vue étroit, qu'il n'a aperçu nulle part ce fait retentissant de l'invention de l'alphabet par les Phéniciens.

accents; il dit purement et simplement : « Ils lurent dans le livre de la doctrine de Dieu, clairement, appliquant leur intelligence, et ils comprirent la lecture. »

(1) Rabbin Jacob Sappir. *Manuel du lecteur*, analysé par J. Derenbourg, de l'Institut, *Journal Asiatique*, octobre-novembre-décembre 1870, p. 467-468.

(2) Id., *ibid.*, p. 468.

(3) Id., *ibid.*, p. 459.

Il semble du reste que le savant analysateur n'est pas absolument convaincu de cette révélation directe, car dans l'Avant-Propos de son analyse, il dit :

« La valeur de ces études micrologiques sur la grammaire hébraïque n'échappera pas à ceux qui savent combien l'histoire des commencements de cette science est encore couverte de ténèbres, malgré les excellents travaux de plusieurs savants, tels que Rapaport, Geiger, Munk, Stern, Neubauer, et malgré les publications importantes d'ouvrages anciens qui ont été faites depuis une vingtaine d'années (1). »

N'est-ce pas là une sorte de confirmation de l'erreur où le monde savant est tombé sur la question des points diacritiques, *introduits* dans la langue primitive alphabétique, et des conséquences qu'ils ont eues pour la méthode grammaticale de la langue hébraïque ?

On ne saurait croire, en examinant l'ouvrage même que nous venons de citer, à quel tissu de difficultés et de complications on a abouti pour une langue dont le caractère et les règles, comme on le verra, sont d'une extrême simplicité.

Et cependant M. F. Lenormant ne craint pas de déclarer que :

« Le premier système de notation des voyelles, dont nous venons de repasser les traces, constituait déjà un grand progrès sur l'état précédent de l'écriture. C'était un précieux élément de clarté, mais il n'était pas suffisant. Il était, en effet, trop incomplet pour pouvoir rendre toutes les nuances de la prononciation, et, par conséquent, il laissait encore place à bien des incertitudes. Au bout de peu de temps on dut sentir le besoin de le perfectionner, et des efforts faits dans ce sens naquit la ponctuation actuellement en usage, que l'on appelle d'ordinaire ponctuation massorétique (2). »

Ainsi, la notation des voyelles et la ponctuation massorétique qui ont compliqué la langue phénicienne au point de la dénaturer, *constituaient un grand progrès!*

(1) J. Derenbourg, Avant-propos du *Manuel du lecteur*, par Jacob Sappir, *Journal Asiatique*, octobre novembre-décembre 1870, p. 313.

(2) F. Lenormant, *liv. cite*, p. 315-316.

Voici le tableau de l'ALPHABET PHÉNICIEN :

Archaïque avec indication de la prononciation de l'objet représentant chaque lettre.			Alphabet actuel	Valeur en français
𐤀	*Alap*,	Bœuf (la tête du bœuf),	א,	A a.
𐤁	*Bit*,	Maison (plan de la maison),	ב,	B b.
𐤂	*Gamal*,	Chameau (forme réduite),	ג,	G g.
𐤃	*Dalat*,	Porte, (en forme de *delta*),	ד,	D d.
𐤄	*E* (*eh!*),	Main (main qui appelle),	ה,	E e.
𐤅	*U* (*ou*),	Crochet,	ו,	U u.
𐤆	*Zin*,	Marteau (petit marteau ou petite arme),	ז,	Z z.
𐤇	*Hith* (H gutturale)	Haie (entourage), n'est pas employé dans la Bible ; mais חוט, *Huth* en chaldéen et חאט *Hath* en arabe signifiaient entourer,	ח,	H h.
𐤈	*Thith*,	Serpent (serpent enroulé sur lui-même); le mot n'est pas employé dans la Bible; mais nous le retrouvons dans l'arabe : *Thith* (serpent),	ט,	Th th.
𐤉	*Id*,	Main (main indicatrice),	י,	I i.
𐤊	*Cap*,	Main recourbée en forme de C retourné,	כ, (*a*)(ך final)	K C c.
𐤋	*Lamad*,	Aiguillon (pour faire marcher les bœufs),	ל,	L l.
𐤌	*Mim*,	Eau (vagues),	מ (ם final),	M m.
𐤍	*Nun*,	Poisson,	נ (ן final),	N n.
𐤎	*Samac*,	Support,	ס,	S s.
𐤏	*Oïn*,	Source, œil,	ע,	O o.
𐤐	*Pé*,	Bouche,	פ (ף final),	P p.
𐤑	*Tsat*,	Trait (des chasseurs),	צ (ץ final),	Ts ts.
𐤒	*Qup*,	Nœud,	ק,	Q q.
𐤓	*Rich*,	Rayon (brisé),	ר,	R r.
𐤔	*Chan*,	Dent,	ש,	Ch ch.
𐤕	*Tau*,	Marque (d'une limite),	ת,	T t.

(*a*) La valeur de l'articulation כ sera indiquée par notre C, toujours dur, même suivi d'un *e* ou d'un *i*: *ce*, *ci* équivaudront à *ke*, *ki*.

Guidés par l'organisation même de l'instrument vocal, les inventeurs de l'alphabet se sont arrêtés à cinq manières d'émettre les sons de la voix : la première sans aucune contraction de la bouche, les quatre autres avec une contraction plus ou moins grande. Ces cinq voyelles sont les seules authentiques, les seules indiquées par la nature ; toutes les autres voyelles, admises par les langues dérivées, ne sont qu'une superfétation tout artificielle.

Les Phéniciens ont fixé à dix-sept les diverses manières d'articuler ces sons au moyen de la gorge, du palais, des dents, de la langue, des lèvres. Ainsi, l'alphabet phénicien se compose de vingt-deux lettres, trois de moins qu'en français.—Remarquons que notre *x* est composé de *cs*, que notre *j* n'est qu'une répétition légèrement articulée de *i* et de *y* employé pour un seul *i*; *j*, d'ailleurs, est semblable, dans son articulation, à *g* devant *e* et *i*. Le lecteur observera que les lettres *f* et *v* manquent dans l'alphabet phénicien ; c'est que ces deux lettres ne sont qu'un affaiblissement de *p* et de *b*. La Massore (tradition israélite) a trouvé moyen de compliquer l'alphabet de ces deux lettres, en les désignant par la ponctuation ; elle a également introduit un second *s* en donnant parfois à ש *ch* la valeur de *s*. Nous soutenons que les vingt-deux lettres suffisent, et qu'elles répondent à toutes les nécessités.

Les Phéniciens, après avoir inventé l'alphabet, ont dû ramener leur langue à des principes sévères, à une précision qui fût en harmonie avec le caractère même de leur alphabet ; et en effet, nous voyons qu'ils ont créé une double série de syllables : la première, bilitère ; la seconde, qui comprend infiniment plus de mots, trilitère. Quelle admirable logique, quelle simplicité, et combien cette sage économie vaut mieux que la déraisonnable prodigalité de lettres et de syllables dans les mots des langues dérivées !

Donc, les mots de la langue phénicienne sont composés de deux ou de trois lettres. On rencontre bien dans cette langue des mots qui renferment un plus grand nombre de lettres, mais ces lettres qui augmentent le mot sont agglutinées et n'en font pas partie intégrante. Voici les causes générales de cette augmentation dans les mots : 1° la lettre des déclinaisons ; 2° les lettres préfixes et suffixes des verbes ; 3° la lettre conjonctive ו *u* ; 4° la lettre ou les deux lettres du suffixe possessif ; 5° le préfixe ou le suffixe prépositifs ; 6° la lettre préfixe indiquant l'idée de *faire* avant un autre verbe : *faire* manger ; 7° le préfixe composé de deux lettres, qui caractérise le verbe réfléchi ; 8° le préfixe de une ou deux lettres, qui exprime dans le verbe le pronom pluriel déterminé, complément direct du verbe ; 9° la lettre suffixe ה *e* ou ת *t* exprimant le féminin ; 10° les lettres préfixes ל *l*, מ *m*, נ *n*, et ת *t*, la lettre suffixe ן *n* pour former des mots congénères ; 11° la réduplication des lettres qui composent le mot bilitère pour lui donner plus de force. Nous l'avons dit : les mots phéniciens sont composés de deux ou trois lettres ; le vocabulaire hébraïque ou phénicien contient environ 3,200 mots principaux : il faut y ajouter les mots congénères dont nous venons de parler.

Il serait trop long de donner ici la liste complète des 3,200 mots primitifs. Nous nous contentons de présenter au lecteur, pour la série bilitère, les mots qui sont formés par les trois premières lettres et par les trois dernières lettres de l'alphabet.

Les trois dernières lettres de l'alphabet :

תו	*tu*	שב	*chb*	רב	*rb*
תל	*tl*	שך	*chc*	רך	*rc*
תם	*tm*	של	*chl*	רם	*rm*
תף	*tp*	שם	*chm*	רן	*rn*
תר	*tr*	שן	*chn*	רע	*ro*
		שק	*chq*	רק	*rq*
		שר	*chr*	רש	*rch*
		שש	*chch*		
		שת	*cht*		

Les trois premières lettres de l'alphabet :

גב	*gb*	בא	*ba*	אב	*ab*
גג	*gg*	בב	*bb*	אד	*ad*
גד	*gd*	בג	*bg*	אה	*ae*
גה	*ge*	בד	*bd*	או	*au*
גו	*gu*	בז	*bz*	אז	*az*
גז	*gz*	בל	*bl*	אח	*ah*
גי	*gi*	בן	*bn*	אט	*ath*
גל	*gl*	בץ	*btz*	אי	*ai*
גם	*gm*	בר	*br*	אך	*ac*
גן	*gn*	בת	*bt*	אל	*al*
גף	*gp*			אם	*am*
גר	*gr*			אן	*an*
				אף	*ap*
				אר	*ar*
				אש	*ach*
				את	*at*

Si le tableau était complet, il y aurait 484 mots bilitères, tandis qu'il y en a à peine 290. L'oreille, sans doute, a fait justice des racines qui manquent. Peut-être aussi y a-t-il dans la Bible quelques lacunes de mots, que nous pouvons retrouver dans le Talmud et dans l'idiome arabe. Pour la série trilitère, il suffit de donner la lettre א *a*, à cause du trop grand nombre de mots contenus dans cette série.

אבב	*abb*
אבד	*abd*
אבה	*abe*
אבח	*abh*
אבך	*abc*
אבל	*abl*
אבס	*abs*
אבק	*abq*
אבר	*abr*
אגד	*agd*
אגז	*agz*
אגל	*agl*
אגם	*agm*
אגן	*agn*
אגף	*agp*
אגר	*agr*
אדב	*adb*
אדם	*adm*
אדן	*adn*
אדש	*adch*
אהב	*aeb*
אהה	*aee*
אהי	*aei*
אהל	*ael*
אוב	*aub*
אוד	*aud*
אוה	*aue*
אוי	*aui*
אוח	*auh*
אול	*aul*
און	*aun*
אוץ	*auts*
אור	*aur*
אות	*aut*
אזב	*azb*
אזל	*azl*
אזן	*azn*
אזר	*azr*
אחד	*ahd*
אחו	*ahu*
אחז	*ahz*
אחר	*ahr*
אטד	*athd*
אטם	*athm*
אטן	*athn*
אטר	*athr*
איב	*aib*
איד	*aid*
איך	*aic*
איל	*ail*
אים	*aim*
אין	*ain*
איף	*aip*
איש	*aich*
אית	*ait*
אכל	*acl*
אכן	*acn*
אכף	*acp*
אכר	*acr*
אלה	*ale*
אלח	*alh*
אלל	*all*
אלם	*alm*
אלף	*alp*
אלץ	*alts*
אמל	*aml*
אמן	*amn*
אמץ	*amts*
אמר	*amr*
אמש	*amch*
אמת	*amt*
אנה	*ane*
אנח	*anh*
אנך	*anc*
אנן	*ann*
אנס	*ans*
אנף	*anp*
אנק	*anq*
אנש	*anch*
אסך	*asc*
אסם	*asm*
אסן	*asn*
אסף	*asp*
אסר	*asr*
אפד	*apd*
אפה	*ape*
אפל	*apl*
אפן	*apn*
אפס	*aps*
אפע	*apo*
אפף	*app*
אפק	*apq*
אפר	*apr*
אצל	*atsl*
אצר	*atsr*
אקו	*aqu*
ארב	*arb*
ארג	*arg*
ארה	*are*
ארז	*arz*
ארח	*arh*
ארך	*arc*
ארם	*arm*
ארן	*arn*
ארע	*aro*
ארץ	*arts*
ארר	*arr*
ארש	*arch*
אשד	*achd*
אשה	*ache*
אשך	*achc*
אשל	*achl*
אשם	*achm*
אשר	*achr*
אשש	*achch*
אתא	*ata*
אתה	*ate*

Il est aisé de se figurer la suite du tableau. Il y a, comme dans la première série, des lacunes de racines qui auront été rejetées parce qu'elles semblaient également contraires à l'euphonie. Tout bien compté, il devrait y avoir environ dix mille mots à trois lettres, et il n'y en a guère que trois mille.

Cet ensemble de mots constitue précisément *le clavier par lequel il faut nécessairement passer pour prononcer un mot alphabétique quelconque dans toutes les langues.*

Dans les circonstances particulières où se trouvait le peuple juif, il était nécessaire d'inventer des signes diacritiques, à cause du grand nombre de mots sans lettres-voyelles que renferme sa langue. Cette absence de lettres-voyelles ne concerne absolument que la lettre א *a,* qui tantôt est écrite, tantôt, et le plus souvent, n'est pas écrite, et cependant doit se prononcer chaque fois que deux consonnes se suivent *dans le même mot.*

Mais ce qui préoccupait surtout le sacerdoce et les docteurs israélites, lors de l'imminence de la dispersion de la nation, c'est le danger où la langue sacrée allait être exposée, si les communautés juives ne pouvaient plus s'en servir pour l'usage du culte. Afin de parer à ce danger, on inventa d'abord les points-voyelles, qui facilitèrent la lecture aux ignorants. Cependant voici l'inconvénient qui a dû se produire : à l'aide des points-voyelles on pouvait lire sans doute, mais d'une manière inintelligente, en engageant les phrases les unes dans les autres; pour indiquer le commencement et la fin de chaque phrase, on créa une série de signes musicaux régulateurs, c'est-à-dire les accents toniques.

Toutefois, pour éviter la confusion, si on avait maintenu les *lettres*-voyelles, on ne reconnut plus comme voyelles que les *signes*-voyelles; de là, le préjugé que la langue hébraïque n'avait pas de lettres *vocales.*

Malheureusement la science, en général, a admis le principe des signes diacritiques; tous les philologues s'y sont conformés, et M. F. Lenormant tout le premier. Voici encore ce qu'il dit à ce sujet :

« ... de là, l'absence de voyelles proprement dites, dans l'alphabet de vingt-deux lettres (1). »

Comment admettre que les Phéniciens, inventeurs et propagateurs de l'alphabet, n'aient pas eu conscience de la valeur et de la nécessité des voyelles, cinq signes parmi les vingt-deux, indispensables à l'expression des sons? Comment supposer que les Indiens, les Grecs, les Latins, les Allemands, etc., instruits par les Phéniciens, et gratifiés de leur alphabet, aient mieux compris que leurs maîtres et initiateurs l'emploi et la fixité des cinq *lettres-voyelles*, sans lesquelles le son n'est pas émis?

Et comment croire que les sublimes écrivains, les grands historiens et les poètes incomparables, qui ont composé cette œuvre merveilleuse, connue dans le monde entier sous ce seul nom *Le-Livre*, aient pu manier une langue sans voyelles fixes?

Et pourtant les philologues les plus célèbres ont adhéré à la grammaire hébraïque basée sur les signes diacritiques; nous en citerons quelques-uns :

« L'étude exclusive des langues sémitiques ne pouvait enfanter de grands linguistes, pas plus que le spectacle de l'histoire de la Chine ne saurait inspirer de grands historiens. Ajoutons que l'habitude de ne point écrire les voyelles, effaçant les nuances légères dans lesquelles consiste toute l'individualité des dialectes, réduit les textes sémitiques à une sorte de squelette, excellent pour l'étude anatomique du langage, mais qui n'est guère propre à l'étude du mouvement et de la vie.

« D'un autre côté, la philologie sémitique présente un grand avantage, qui, dans l'état actuel de la linguistique, mérite d'être surtout apprécié. Incontestablement moins féconde que la philologie indo-européenne, *elle est aussi plus assurée, moins sujette aux déceptions. La matière de la philologie sémitique n'a pas cette fluidité, cette aptitude aux transformations* qui caractérise la matière de la philologie indo-européenne. *Elle est plus*

(1) F. Lenormant, *liv. cité*, t. I, p. 307.

métallique, si j'ose le dire, et *a conservé depuis la plus haute antiquité, et peut-être depuis les premiers jours de l'apparition du langage, la plus frappante identité* (1). »

Nous avons souligné des passages de cette citation, comme nous nous permettrons de le faire quelquefois, afin de mettre en relief les arguments les plus favorables au principe que nous défendons.

« G. de Humboldt, signalant les différences qui, à ses yeux, ouvrent un abîme entre le système indo-européen et le système sémitique, place en premier lieu la trilitérité des racines, et en second lieu la propriété qu'ont les langues sémitiques d'exprimer le fond de l'idée par les consonnes et les modifications accessoires de l'idée par les voyelles, si bien qu'on peut dire que les langues sémitiques sont des langues dont les flexions se font par l'intérieur des mots. Ce sont là, en effet, deux traits essentiels, qui se rattachent eux-mêmes à un fait plus général, à la manière abstraite dont les Sémites ont conçu une sorte de racine imprononçable, attachée à trois articulations et se déterminant par le choix des voyelles; tandis qu'au contraire, la racine indo-européenne est un mot complet et existant par lui-même (2). »

« Sous le point de vue technique, l'organisme des idiomes sémitiques est peut-être *supérieur à tout autre. Quelle rigueur pleine de conséquences! Quelle simplicité pleine de grâce! Quelle accommodation raisonnée du son à l'idée!* Et pourtant, ces idiomes ont deux défauts graves, qui sont tout à fait en dehors de ce qu'on doit demander rationnellement à une langue. Les idiomes sémitiques, *au moins tels qu'ils existent aujourd'hui*, exigent trois consonnes pour chaque radical, mais de sorte que les consonnes et les voyelles ensemble ne contiennent point *la signification;* la signification appartient exclusivement aux consonnes, la *relation* appartient exclusivement aux voyelles. Il en résulte,

(1) E. Renan, *Hist. des lang. sémit.*, préface, p. IV-V.

(2) G. de Humboldt, *Ueber die verschiedenheit des menschliches sprachbaues*, § 23, ch. CCCXXIV et suiv. de l'*Introd. à l'Essai sur le Kawi*, rapporté par E. Renan, *liv. cité*, p. 428-429.

pour la forme du mot, une gêne insupportable à laquelle on préférera sans hésiter la liberté telle qu'elle se trouve surtout dans nos langues indo-germaniques... Trois consonnes donnent à un radical une étendue, un volume, pour ainsi dire, qui invite à marquer les *relations* à l'aide des voyelles ; tandis que, après avoir une fois destiné les voyelles à remplir cette tâche, il ne reste pour exprimer les *significations* que de s'adresser aux consonnes.

« Ainsi donc, chez les Sémites, le radical ne saurait se manifester isolément ; il se compose de trois consonnes. Là, où ce ce radical se montre avec une voyelle ou avec plusieurs (chose évidemment nécessaire pour la prononciation humaine), ce radical a déjà revêtu la forme d'un mot exprimant une signification spéciale. Les trois consonnes hébraïques *qtl,* par exemple, composent un radical qui a la *signification* du verbe « tuer » ; mais toute forme prononçable, dans laquelle les trois consonnes en question se montrent, exprime déjà une *relation* spéciale : *qtol*, par exemple, c'est l'infinitif « tuer » ; *qotel,* le participe de l'actif « tuant » ; *qatal,* la troisième personne du passé « il a tué ». Cela est bien différent d'un radical grec, par exemple, λιπ, qui se transforme en λειπω, « je laisse », ελιπον, « je laissai (1). »

« La nature et le caractère particulier des racines verbales sanscrites se dessinent encore mieux par la comparaison avec les racines des langues sémitiques. Celles-ci exigent, si loin que nous puissions les poursuivre dans l'antiquité, trois consonnes ; j'ai montré ailleurs que ces consonnes représentent par elles-mêmes, sans le secours des voyelles, l'idée fondamentale, et qu'elles forment à l'ordinaire deux syllabes ; elles peuvent bien, dans certains cas, être englobées en une seule syllabe, mais alors la réunion de la consonne du milieu avec la première ou la dernière est purement accidentelle ou passagère. Nous voyons, par exemple, que l'hébreu *kâtûl* « tué » se con-

(1) G. de Humboldt, *liv. cité*, rapporté par A. Schleicher, trad. Ewerbeck, *Les Langues de l'Europe*, p. 156-158.

tracte au féminin en *ktûl*, à cause du complément *àh (ktùlàh)*, tandis que *kôtêl* « tuant », devant le même complément, resserre ses consonnes de la façon opposée et fait *kôtlàh*. On ne peut donc considérer comme étant la racine, ni *ktûl* ni *kôtl*; on pourra tout aussi peu chercher la racine dans *ktôl*, qui est l'infinitif à l'état construit; en effet, *ktôl* n'est pas autre chose que la forme absolue *kàtôl* abrégée, par suite de la célérité de la prononciation, qui a hâte d'arriver au mot régi par l'infinitif, mot faisant en quelque sorte corps avec lui. Dans l'impératif *ktôl*, l'abréviation ne tient pas, comme dans le cas précédent, à une cause extérieure et mécanique : elle vient plutôt d'une cause dynamique, à savoir la rapidité qui caractérise ordinairement le commandement. Dans les langues sémitiques, contrairement à ce qui se passe dans les langues indo-européennes, les voyelles n'appartiennent pas à la racine; elles servent au mouvement grammatical, à l'expression des idées secondaires et au mécanisme de la structure du mot: c'est par les voyelles qu'on distingue, par exemple, en arabe, *katala* « il tua » de *kutila* « il fut tué », et, en hébreu, *kôtêl* « tuant » de *kàtûl* « tué ». Une racine sémitique ne peut se prononcer : car du moment qu'on veut y introduire des voyelles, on est obligé de se décider pour une forme grammaticale, et l'on cesse d'avoir devant soi l'idée marquée par une racine placée au dessus de toute grammaire. Au contraire, dans la famille indo-européenne, si l'on consulte les idiomes les plus anciens et les mieux conservés, on voit que la racine est comme un noyau fermé et presque invariable, qui s'entoure de syllabes étrangères dont nous avons à rechercher l'origine, et dont le rôle est d'exprimer les idées secondaires, que la racine ne saurait marquer par elle-même (1). »

Voici la cause de l'erreur où sont tombés ces philologues : jusqu'ici, la science ne s'est pas rendu compte de cette loi essentielle de la langue phénicienne, qui consiste dans l'insertion mentale de la voyelle *a* chaque fois qu'il s'agit d'articuler

(1) Bopp, trad. Bréal, *Grammaire comparée*, 1er volume, p. 223-224.

deux consonnes qui se suivent *dans le même mot*. Nous avons été plus heureux en reconnaissant, comme il arrive dans le sanscrit, le son *a* prononcé entre deux consonnes, sans qu'il soit exprimé par la lettre phénicienne correspondante א; la raison en est que ce son *a* est le plus facile à émettre. L'oubli de cette loi en a entraîné un autre non moins grave : les mots, quel que soit leur rôle grammatical, conservent toujours la même prononciation, et l'on va voir, par les divers emplois qui sont faits en phénicien de ce même verbe « tuer », que les différents sens qui lui sont attribués n'en ressortent pas avec moins d'évidence.

C'est la lettre ט, représentée par *th*, qui est la médiale du radical קטל *QaTHaL* « tuer ». Or, nous avons à distinguer entre cette lettre et ת, qui est le *t* pur; קטל, par conséquent, est représenté par *qthl* et se prononce *QaTHaL*. Cependant si nous consultons les dictionnaires hébreux, l'infinitif *QaTHaL* est présenté sous la forme *qothaül*, et le substantif *QaTHaL* « tuerie » sous celle de *qethel*. Mais ces altérations ne sont pas les seules : par la loi générale des affixes de lettres, pronominales dans les verbes, et prépositives ou conjonctives dans les noms, une nouvelle variété de prononciation se produit :

VERBE

Le psalmiste s'adresse à Dieu, le supplie de le délivrer des méchants et des hommes de sang ; il dit :

אם תקטל אלוה רשע (Psaum. CXXXIX, 19). O oui, mon Dieu, tu
Am t-*qthl* alue rcho *tueras* le méchant.

Le texte est clair : c'est la seconde personne du singulier avec addition pronominale. La prononciation du radical étant stable, le son *a* sous-entendu entre deux consonnes, nous prononçons *TaQaTHaL*. Et pourtant, d'après le système admis, on prononce *tiqthol*.

Job, parlant de Dieu, à ses visiteurs :

הן יקטלני לא איחל (Job, XIII, 15). Certes, il me *tuera*, c'est ce
En i-*qthl*-ni la a-ihl que je demande.

Même clarté : c'est la troisième personne du singulier avec

addition du pronom préfixe et suffixe. La prononciation du radical étant stable, le son *a* sous-entendu entre deux consonnes, et le suffixe *ni* étant *détaché* (*a*), nous prononçons *I-QaTHaL-NI*. Et pourtant, d'après le système admis, on prononce *iqtheleini*.

SUBSTANTIF

Il s'agit de *tuerie* ou de *carnage;* et voici la parole du prophète :

למען יכרת איש מהר עשו מקטל
Lmon i-crt aïch m-cr ochu m-*qthl*

(Obadia, chap. unique, v. 9). Afin que la population de la montagne d'Esaü soit exterminée dans un *carnage*.

Le texte est précis : c'est le nom, précédé de l'instrumentale מ *m*, signifiant dans ce cas *par* ; exemple : que la population soit exterminée *par* carnage ; le son *a* entre deux consonnes sous-entendu, nous prononçons *MaQaTHaL*. Et pourtant d'après le système admis, on prononce *miqqothel*. A propos de ce dernier mot, remarquons que la Massore au moyen du point appelé par elle *daguesch* et placé au centre d'une lettre, ici, par exemple, dans ק, *q*, double cette lettre sans raison aucune.

Nous avons dit tout à l'heure que dans le mot יקטלני *i-qthl-ni*, la syllabe pronominale ני *ni* est *détachée*.

Conformément à notre système, d'après lequel deux consonnes, *dans le même mot,* ne s'articulent pas sans être séparées par l'insertion mentale de la voyelle א *a* , le mot *iqthlni* devrait se prononcer *IQaTHaLaNI;* mais après un verbe, le pronom personnel suffixe, complément direct, toujours composé d'une lettre ou de deux lettres, *se détache* de ce verbe, lorsque ce pronom a deux lettres dont la première est une consonne, c'est-à-dire que, entre la dernière lettre *consonne* du verbe et la première lettre *consonne* du pronom suffixe, il n'y a pas lieu d'intercaler mentalement la voyelle *a*. Ce *détachement*

(*a*) On va voir ce que signifie la syllabe *ni* détachée.

se produit toujours à la première personne du singulier, à la première et à la seconde personne du pluriel et à la troisième personne du pluriel féminin, lorsque le pronom féminin est de deux lettres. Il n'y a donc pas de raison pour insérer la lettre *a* entre *l* de *QaTHaL* et *n* de *ni*. Le pronom *ni* est un mot *détaché* (*a*). Donc יקטלני qui, nous le répétons, ne peut être *IQaTHaLaNI*, est réellement *IQaTHaLNI*.

L'adjectif possessif, suffixe déterminatif, *se détache* du nom dans les mêmes conditions où le pronom personnel *se détache* du verbe, mais seulement à la première et à la seconde personne du pluriel possesseur.

EXEMPLE :

SINGULIER			PLURIEL		
שאלתי	(*b*) *CHALaTI*	ma demande,	שאלת־נו	*CHALaT-NU*	notre demande,
שאלתך	*CHALaTaC*	ta demande,	שאלת־כם	*CHALaT-CaM*	votre demande,
שאלתו	*CHALaTU*	sa demande, m.	שאלתם	*CHALaTaM*	leur demande, m.
שאלתה	*CHALaTE*	sa demande, f.	שאלתן	*CHALaTaN*	leur demande, f.

Dans les verbes réfléchis, en général, à toutes les personnes, à tous les nombres, à tous les temps, à tous les modes, la particule pronominale préfixe de ces verbes est la lettre ת *t* combinée avec les pronoms personnels : cette particule composée est *détachée* : ainsi, le verbe קשר *QaCHaR, lier,* produit à l'infinitif התקשר *ET-QaCHaR, se lier* ; le pronom réfléchi en ת *t* précédé d'un des pronoms personnels *est constamment détaché* : on ne prononcera donc pas *ETaQaCHaR* mais bien *ET-QaCHaR*. On dira, par la même raison, *AT-QaCHaR*, je me lie, *TaT-QaCHaR,* tu te lies, etc.

Parmi les protestations qui se sont élevées contre l'incroyable préjugé qui admet l'absence de voyelles fixes dans la langue des

(*a*) Faisons observer que la lettre *n* de *ni* est purement euphonique, et que la seule lettre *i* traduit le pronom *me*.

(*b*) Ce même mot, en tant que prem. pers. sing. du passé du verbe שאל *chal, demander*, se prononce *chal-ti, je demandai;* notre grammaire expliquera ce fait et tant d'autres.

Phéniciens, nous nous bornerons à rapporter celles de deux éminents philologues.

« La décomposition des mots nécessaires à l'invention de l'alphabet, ainsi que nous l'avons fait ressortir plus haut, ne pouvait être tentée sans que les voyelles fussent placées *à côté* des consonnes. Beaucoup de syllabes, d'ailleurs, ne résultent que d'une voyelle unique. A cet égard, il faut admettre la probabilité que l'inventeur de l'alphabet était au courant du système graphique des Chaldéens ou de celui des Egyptiens, sinon de tous les deux, parce qu'il avait vécu dans leur voisinage. On doit, par conséquent, supposer que c'est l'état défectueux et insuffisant de l'écriture qui l'a excité au perfectionnement de l'art graphique. Chacun de ces peuples a su distinguer la voyelle. *Un « alphabet » sans voyelles ne serait pas un alphabet. Le premier alphabet contenait évidemment les principales voyelles fondamentales* (1). »

« Et vraiment celui qui mit au jour le premier alphabet était un homme d'un génie extraordinaire, un des plus méritants parmi ceux qui ont paru sur la terre. Cette haute perfection de l'alphabet originel prouve en même temps que, avant son invention, de nombreux et longs efforts ont dû être faits pour arriver à la constitution de l'écriture syllabique, qui n'a fait que la préparer.

« Il a distingué les sons d'une manière bien autrement exacte que les Egyptiens et les Assyriens. On sera plus disposé à excuser les imperfections inhérentes au plus ancien alphabet, si l'on considère que les prétendues améliorations qu'on y a introduites n'ont abouti, pour la plupart, qu'à des *détériorations.* » (2)

Nous avons souligné une phrase de ces dernières citations : elle a une importance capitale. Puis, nous extrayons du livre dialogué de Herder, L'ESPRIT DE LA POÉSIE HÉBRAÏQUE, le passage ci-après :

(1) H. Wuttke, *liv. cité*, p. 711.
(2) Id., *ibid.*, p. 712-713.

« Eutyphron. — Vous avez appelé la langue hébraïque une langue d'hiéroglyphes sans vie, privée de voyelles et dépourvue de la clef des significations. Croyez-vous donc que les Orientaux aient écrit sans le secours des voyelles ?

Alciphron. — Beaucoup le disent.

Eutyphron. — Ceux qui tiennent ce raisonnement tombent dans une étrange contradiction ; c'est là une thèse insoutenable, car on ne saurait prononcer de lettres sans le souffle qui les anime.

Alciphron. — Mais où sont ces voyelles ?

Eutyphron. — Quelques voyelles, *en petit nombre*, étaient indispensables, et, selon moi, on en trouve quelques restes dans les *Matres lectionis, car celles que nous avons actuellement sont dues à l'œuvre factice des rabbins* (1). »

Nous regrettons d'être en désaccord avec les érudits qui ont traité de cette matière, et avec M. F. Lenormant lui-même, lorsqu'il dit :

« Le plus considérable et le plus frappant parmi ces changements de valeurs est celui qui, lorsque l'alphabet inventé chez les Chananéens fut transmis à des peuples de race indo-européenne, dans les idiomes desquels les voyelles avaient un caractère fixe et radical, tandis que les aspirations étaient beaucoup moins multipliées que chez les Sémites, transforma les signes des aspirations douces, et même quelquefois fortes, en signes de sons vocaux (2). »

Aspirations douces, aspirations fortes, semi-voyelles, lettres quiescentes, etc., ne sont que la conséquence de l'intrusion des signes diacritiques. Quiconque a fait usage des méthodes grammaticales hébraïques actuelles, connaît les inextricables difficultés qu'elles présentent. Dans NOTRE NOUVELLE GRAMMAIRE on n'entendra plus parler des mots *qal, piel, hiphil, hophal, hitpaël*, etc., pas plus que de *qéri*, de *kétib* et de quelques signes qui s'appellent *mappik, daguesch, métheg, râfê*, ni des points-voyelles

(1) Herder, *Vom Geist der Ebraischen Poesie*, t. I, p. 24-25.

(2) F. Lenormant, *liv. cité*, t. I, p. 121-122.

et accents toniques en général. Nous déclarons que tous ces noms et tous ces signes sont factices.

En sanscrit, en grec, en latin, en zend, les flexions pour les noms, les pronoms, les adjectifs, les participes, changent à chacune des déclinaisons, à chacun des cas, des genres, des nombres; dans les verbes, les flexions varient à chaque personne, à chaque nombre, à chaque temps, à chaque mode, et, de plus, le radical, en grec spécialement, est modifié à plusieurs temps. Le sanscrit, outre ses points diacritiques, prodigue les formes flexionnelles. Six déclinaisons, dont chacune a huit cas, dix classes de verbes, neuf temps pour chacun, voilà une disproportion énorme avec l'économie des formes particulières dans les mots variables de la langue phénicienne. Le zend offre des déclinaisons irrégulières; il emploie sept cas.

En grec, il n'y a que trois déclinaisons; mais là nous avons les déclinaisons contractes avec leurs règles et leurs exceptions : la conjugaison est très diverse et très irrégulière. Les Latins nous présentent un système chargé de cinq déclinaisons, sans parler des déclinaisons irrégulières; ils ont quatre conjugaisons différentes, et de plus un grand nombre de verbes irréguliers. La grammaire des langues vivantes n'est guère moins compliquée.

Les Grecs ont un article qui varie à tous les cas pour les trois genres et pour les trois nombres. En français, l'article varie; il en est de même en allemand, en italien, en espagnol, en portugais, en roumain. L'article est invariable en anglais.

En phénicien, il n'y a qu'un seul article, des deux genres et des deux nombres; il est préfixe enclitique. Même quand le nom est employé dans le sens déterminé, souvent l'article n'est pas exprimé. Les Phéniciens n'ont qu'une seule déclinaison pour tous les noms; les noms sont de deux genres, le masculin et le féminin; ils ont deux nombres, le singulier et le pluriel. Quant au duel, que les Massorètes ont introduit *à tort* et désigné par des points diacritiques, *en réalité il n'existe pas dans la langue phénicienne.* Tous les cas, au singulier comme au pluriel, sont semblables au nominatif pour la terminaison.

La déclinaison du pronom, quoique moins simple que celle du nom, n'offre aucune difficulté. L'adjectif varie pour le genre et pour le nombre dans les mêmes conditions que le nom. L'adjectif possessif est indiqué par une ou deux lettres pronominales ajoutées et incorporées au nom.

Il n'y a qu'un seul type de verbe. Les modifications verbales affectent le nombre, les personnes, les temps, les modes ; mais elles sont d'une extrême simplicité : ainsi, au présent de l'indicatif, le verbe ne change pas de forme pour les trois personnes du singulier qui sont seulement différenciées par le préfixe abréviatif des pronoms ; au pluriel, la terminaison ne change qu'à la seconde et à la troisième personne par l'addition d'une seule lettre. Le passé, qui n'a qu'une forme, se distingue par l'addition du pronom suffixe.

Le verbe phénicien n'a que trois temps : le présent, le futur et le passé, et encore le présent et le futur se confondent-ils dans une forme commune ; bien plus, le préfixe ו *u* donne au futur le sens du passé, au passé celui du futur.

Il n'y a que quatre modes : l'indicatif, l'impératif, l'infinitif, le participe. Ces trois temps et ces quatre modes suffisent à toutes les exigences verbales, ainsi qu'on le verra dans notre grammaire : c'est le contexte et le sens de la phrase qui fournissent aisément la traduction du verbe employé, avec la même sûreté que les formes si multiples du verbe dans les langues dérivées.

En phénicien, il n'y a ni verbes irréguliers ni verbes composés de radicaux différents, comme en grec, par exemple, où ὁρᾶν, *voir*, a le futur ὀψέσθαι, l'aoriste second ἰδεῖν, par conséquent trois radicaux différents ; comme en latin *ferre*, porter, qui fait au parfait *tuli* et au supin *latum ;* comme en français *aller*, *je vais, j'irai*. Inutile de démontrer ici que chacun de ces radicaux a une origine phénicienne.

Notre grammaire indique les insertions, les retranchements, les substitutions de lettres dans les verbes : ces modifications, nées de l'euphonie, ne constituent pas de véritables irrégularités.

Le verbe *être* est presque toujours sous-entendu, toutes les fois que le sens de la phrase ne souffre pas de cette suppression ;

ainsi, il ne se répète plus dans la série des propositions qui composent la phrase dans laquelle il a été exprimé une fois. Dans I Samuel, chap. I, v. 1-2, nous lisons : « Il *était* un homme de *Ramatim Tsupim,* de la montagne d'*Aparim* (*a*) et son nom *AL-QaNE*, fils d'*IRaHaM*, fils d'*Alieua,* fils de *Teu,* fils de *Tsup* l'APaRIT (l'Ephraïmite), et à lui deux femmes : le nom de l'une *HaNE* (Anna), le nom de la seconde *PaNaNE* (Penina), et il *était* à *PaNaNE* des enfants et à *HaNE* pas d'enfants. » Dans cette phrase, le verbe *être* est deux fois exprimé et quatre fois sous-entendu.

La langue phénicienne a de plus cet extraordinaire avantage de ne contenir *aucun mot* synthétique ou composé, excepté pour les noms propres. Elle offre si peu de désinences ou de flexions qu'on peut dire, heureusement pour elle, qu'elle en est dépourvue : cette indigence constitue réellement une richesse. Enfin, elle n'a pas d'accents toniques, par la raison que les syllabes des mots ne sont ni longues ni brèves.

Quant aux mots invariables, indiquons sommairement que l'adverbe est fixe dans sa forme, que l'adverbe de manière est semblable à l'adjectif correspondant : sa nature adverbiale est toujours suffisamment indiquée par le contexte. La préposition marque les divers rapports des mots — qu'elle précède en français — par l'addition suffixe ou préfixe d'une seule lettre. La conjonction n'offre rien de particulier, sinon que *et* en français, *u* en phénicien, est enclitique et s'appuie sur la *première* lettre du mot suivant. Les autres conjonctions sont invariables et se détachent des autres mots. L'interjection ne varie pas.

Ce rapide exposé nous identifie déjà avec la simplicité *unique* de la langue phénicienne. Quelle différence avec toutes les complications, dans les mots variables et jusque dans les mots invariables, qui surchargent les langues dérivées !

(a) Nous appliquons notre système de lecture : אפרים *APaRIM* et non pas *Ephraïm*; nous disons de même אפרתי *APaRaTI* et non pas *Ephrati*. En général, dans les qualificatifs de pays, la désinence est י *i* pour le masculin, ית *it* ou יה *ie* pour le féminin.

Les premiers grammairiens hébreux, suivis d'ailleurs par tous leurs successeurs, ont cru à la nécessité d'un grand nombre de temps et de modes; ils les ont créés au moyen de changements de voyelles ; ce procédé leur était facilité par l'annotation des points-voyelles. S'agit-il, par exemple, du verbe דבר *dbr*, parler, on procède ainsi : à l'infinitif on prononce *daber;* à l'impératif *debor;* au participe *dober;* à la 3e personne du passé *dobar*, etc. Le même mot, comme substantif, a d'autres significations : la parole, la chose, la peste. On n'est nullement embarrassé, et l'on prononce *dobor*, *deber*. Dans notre système, jamais un mot, quel que soit son rôle, substantif, verbe, adjectif, adverbe, ne varie dans sa prononciation ; le contexte indique suffisamment la pensée, et le lecteur comprend à merveille.

Sauf les cas spéciaux, facilement explicables par l'addition de la lettre נ *n*, qui produit le passif en נ *n*, l'actif et le passif se confondent en phénicien ; c'est encore là le contexte qui les fait distinguer l'un de l'autre. Par exemple, lorsque dans la Genèse il est dit : ותמת שרה ותקבר *u-t-mt chre u-t-qbr*, sans les points-voyelles, cela veut dire : *Et* Sara mourut et enterra. Or, Sara n'a pu s'enterrer elle-même : donc *elle fut enterrée*. De même dans la Genèse on lit : ויגדל יצחק ויגמל *u-i-gdl itshq u-i-gml;* sans les points-voyelles, la phrase signifie : Et Isaac grandit et sevra. Il est clair qu'Isaac n'a pu se sevrer : donc *il fut sevré*.

Nous avons des phrases plus développées où le contexte ne fournit pas toujours immédiatement le sens exact ; toutefois, il n'y a pas de difficulté, comme, par exemple, dans ce passage : (*a*) ושם איש ישראל המכה אשר הכה את המדינית זמרי *u-chm aïch ichral e-mc-e achr ece at e-mdinit zmri*. Cette phrase étant isolée, tout le monde sera disposé à la traduire ainsi : Et le nom de l'Israëlite frappant, qui frappa la Madianite, c'est Zamari. Cependant, il n'en est pas ainsi : cela signifie réellement : *Et le nom de l'Israëlite frappé, qui fut frappé avec la Madianite, c'est Zamari* (1). On ne peut évidemment se tromper dans cette tra-

(a) את « *at* » est également la préposition « *avec* » et le signe de de l'accusatif de l'article.

(1) *Nombres*, XXV, 14.

duction, puisque le fait dont il est question ici est expliqué par le contexte même. Remontez à six versets plus haut, au verset 8 du même chapitre XXV des *Nombres*, et vous trouvez le récit de Phinéas transperçant un Israélite et une Madianite pris en flagrant délit d'adultère.

Tel est le caractère sublime et concis de la langue phénicienne : elle s'attache plutôt à la pensée de la phrase qu'à la signification isolée des mots qui la composent. Elle exerce par conséquent toutes les facultés de l'intelligence, elle élève le niveau de l'esprit humain.

A l'appui de cette observation, il faut citer un des hommes les plus versés dans la science du langage.

« Je me propose de montrer qu'il est dans la nature du langage d'exprimer nos idées d'une façon très-incomplète, et qu'il ne réussirait pas à représenter la pensée la plus simple et la plus élémentaire, si notre intelligence ne venait constamment au secours de la parole, et ne remédiait, par les lumières qu'elle tire de son propre fonds, à l'insuffisance de son interprète. Nous avons une telle habitude de remplir les lacunes et d'éclaircir les équivoques du langage, qu'à peine nous sentons ses imperfections.

« Mais si, oubliant pour un instant ce que nous devons à notre éducation, nous examinons un à un les éléments significatifs dont se composent nos idiomes, nous verrons que nous faisons honneur au langage d'une quantité de notions et d'idées qu'il passe sous silence, et qu'en réalité nous suppléons les rapports que nous croyons qu'il exprime. J'ajoute que c'est parce que le langage laisse une part énorme au sous-entendu, qu'il est capable de se prêter au progrès de la pensée humaine. Une langue qui représenterait exactement tout ce qui, à un moment donné, existe dans notre entendement, et qui accompagnerait d'une expression tous les mouvements de notre intelligence, loin de nous servir, deviendrait pour nous une gêne, car il faudrait qu'à chaque notion nouvelle la langue se modifiât, ou que les opérations de notre esprit restassent toujours semblables à elles-mêmes, pour ne pas briser le mécanisme du langage (1). »

Mais voici les paroles d'un autre grand maître de la science philologique, particulièrement applicables au chapitre qui nous occupe :

« A partir de David et de Salomon, la langue hébraïque nous apparaît irrévocablement fixée, et n'éprouve plus que d'insignifiantes modifications. Le fait d'une telle immobilité, durant près de cinq siècles, est sans doute extraordinaire. Mais il n'a rien d'incroyable pour celui qui s'est fait une idée juste de la fixité des langues sémitiques. Ces langues, en effet, ne vivent pas comme les langues indo-européennes : elles semblaient coulées dans un moule d'où il ne leur est pas donné de sortir. . . . .

« La littérature hébraïque, limitée jusque là au récit historique, au cantique et à la parabole, s'enrichit ainsi d'un genre nouveau, intermédiaire entre la prose et la poésie, et auquel nul autre peuple n'a rien à comparer. Joel, vers 860, est le plus ancien de ces étonnants publicistes dont les ouvrages nous soient parvenus. Après lui, viennent Amos et Osée, dont la manière originale et individuelle contraste singulièrement avec la physionomie si impersonnelle de l'ancien style hébreu. Isaïe, enfin (750-700), donna dans ses écrits le type de la plus haute perfection que la langue hébraïque ait jamais atteinte. Tout ce qui constitue les œuvres achevées, le goût, la mesure, la perfection de la forme, se rencontre dans Isaïe, et atteste chez lui un degré de culture littéraire inconnu aux psalmistes et aux voyants des âges plus anciens. . . . .

« Si nous envisageons dans son ensemble le développement de l'esprit hébreu, nous sommes frappés de ce haut caractère de perfection absolue, qui donne à ses œuvres le droit d'être envisagées comme *classiques*, au même sens que les productions de la Grèce, de Rome, et des peuples latins. Seul entre tous les peuples de l'Orient, Israël a eu le privilège d'écrire pour le monde entier. C'est certainement une admirable poésie que

(1) Michel Bréal, *Mélanges*, p. 300-301.

celle des Védas, et pourtant le recueil des premiers chants de la race à laquelle nous appartenons ne remplacera jamais, dans l'expression de nos sensations religieuses, les Psaumes, œuvres d'une race si différente de la nôtre. Les autres littératures de l'Orient ne sauraient être lues et appréciées que des savants ; la littérature hébraïque est la *Bible*, le livre par excellence, la lecture universelle : des millions d'hommes répandus sur le monde entier ne connaissent pas d'autre poésie. Il faut faire, sans doute, dans cette étonnante destinée, la part des révolutions religieuses qui, depuis le XVIe siècle surtout, ont fait envisager les livres hébreux comme la source de toute révélation. Mais on peut affirmer que si ces livres n'avaient pas renfermé quelque chose de profondément universel, ils ne fussent jamais arrivés à cette fortune. Israël eut, comme la Grèce, le don de dégager parfaitement son idée, de l'exprimer dans un cadre réduit et achevé; la proportion, la mesure, le goût furent en Orient le privilège exclusif du peuple hébreu, et c'est par là qu'il réussit à donner à la pensée et aux sentiments une forme générale et acceptable par tout le genre humain (1). »

« D'un autre côté, la philologie sémitique présente un grand avantage, qui, dans l'état actuel de la linguistique, mérite d'être surtout apprécié. Incontestablement moins féconde que la philologie indo-européenne, elle est aussi plus assurée, moins sujette aux déceptions. La matière de la philologie sémitique n'a pas cette fluidité, cette aptitude aux transformations qui caractérise la matière de la philologie indo-européenne. Elle est métallique, si j'ose le dire, et a conservé depuis la plus haute antiquité, et peut-être depuis les premiers jours de l'apparition du langage, la plus frappante identité (2). »

« Les langues sémitiques ont, au point de vue de la philologie comparée, l'avantage d'offrir à l'observation un développement complet et définitivement achevé. Les langues indo-eu-

(1) E. Renan, *Hist. des lang. sémit.*, p. 120-124.
(2) Id., *ibid.*, préf., p. v.

ropéennes continuent encore leur vie de nos jours sur tous les points du globe, comme par le passé; les langues sémitiques, au contraire, ont parcouru le cercle entier de leur existence (1). »

« Les hébraïsants se sont demandé si la langue hébraïque était une langue riche ou pauvre, et ont diversement répondu, en donnant chacun d'assez bonnes preuves en faveur de leur opinion. Toutes les langues, en effet, sont riches dans l'ordre d'idées qui leur est familier; seulement, cet ordre d'idées est plus ou moins étendu ou restreint. L'hébreu, malgré le petit nombre de monuments qui nous en restent, peut sembler, à quelques égards, une langue d'une grande richesse. Il possède, pour les choses naturelles et religieuses, une ample moisson de synonymes, qui offrent aux poëtes d'inépuisables ressources pour le parallélisme. Il suffit de citer ce psaume alphabétique (Ps. CXIX), divisé en vingt-deux octaves ou cent soixante-seize versets, dont chacun, sans en excepter un seul, renferme l'expression toujours diversifiée de la *loi de Dieu* (2). »

« Les langues sémitiques, envisagées dans leur ensemble, sont des langues essentiellement analytiques. Au lieu de rendre dans son unité l'élément complexe du discours, elles préfèrent le disséquer et l'exprimer terme à terme. Elles ignorent l'art d'établir entre les membres de la phrase cette réciprocité qui fait de la période comme un corps dont les parties sont connexes, de telle sorte que l'intelligence de l'un des membres n'est possible qu'avec la vue collective du tout. Elles n'ont pas eu à secouer le joug que la pensée compréhensive des pères de la race arienne imposa à l'esprit de leurs descendants. La clarté merveilleuse avec laquelle la race sémitique aperçut tout d'abord la distinction du moi, du monde et de Dieu, excluait cette vaste et confuse intuition des rapports. La phrase hébraïque est un chef-d'œuvre d'analyse logique, et on est surpris d'y trouver à chaque pas les tours explicites, les *gallicismes*, si j'ose le dire, qui sem-

(1) E. Renan, *Hist. des Lang. sémit.*, p. 389.

(2) Id., *ibid.*, p. 128.

blent le partage des langues les plus positives et les plus réfléchies (1). »

« Les racines des langues se montrent à nous, non pas comme des unités absolues, mais comme des faits constitués, au delà desquels il n'est pas permis de remonter. Dans les langues sémitiques, bien plus encore que dans toute autre famille, il faut s'en tenir à cette prudente réserve. Nulle part, en effet, la racine ne nous apparaît comme plus inattaquable, plus saine, plus entière, si j'ose le dire. C'est un tuf dans lequel aucune infiltration n'a pu pénétrer. Depuis plus de mille ans avant l'ère chrétienne, les racines sémitiques n'ont pas subi d'atteinte : les radicaux de l'arabe le plus moderne répondent, consonne pour consonne, à ceux de l'hébreu le plus ancien. Il ne s'agit pas ici de ces langues vermoulues, en quelque sorte, où les radicaux, fatigués par un long usage, ont perdu presque toute empreinte, comme des monnaies sans effigie, il s'agit de langues d'acier, restées exemptes de toute altération (2). »

Nous étions fortement disposé à souligner les passages essentiels de ces citations ; nous y avons renoncé, préférant respecter les textes en ne soulignant que ce que l'auteur a lui-même souligné. Mais nous recommandons à l'attention du lecteur cette magistrale exposition de la langue de Chanaan. Une langue d'*acier!* Comment hésiter désormais à universaliser cette langue ?

Pour compléter le tableau, nous transcrivons encore ce remarquable alinéa :

« Tandis que les langues du Midi abondent en formes variées, en voyelles sonores, en sons pleins et harmonieux, celles du Nord, comparativement plus pauvres et ne recherchant que le nécessaire, sont chargées de consonnes et d'articulations rudes. On est surpris de la différence que produisent à cet égard quelques degrés de latitude. Les trois principaux idiomes sémiti-

(1) E. Renan, *Hist. des lang. sémit.*, p. 402.
(2) Id., *ibid.*, p. 424.

ques, par exemple, l'araméen, l'hébreu et l'arabe, bien que distribués sur un espace peu considérable, sont dans un rapport exact, pour la richesse et la beauté, avec la situation climatérique des peuples qui les ont parlés. L'araméen, usité dans le Nord, est dur, pauvre, sans harmonie, sourd dans ses constructions, sans aptitude pour la poésie. L'arabe, au contraire, placé à l'autre extrémité, se distingue par une admirable richesse. Nulle langue ne possède autant de synonymes pour certaines classes d'idées, nulle ne présente un système grammatical aussi compliqué ; de sorte qu'on serait tenté quelquefois de voir surabondance dans l'étendue presque indéfinie de son dictionnaire et dans le labyrinthe de ses formes grammaticales. L'hébreu enfin, placé entre ces deux extrêmes, tient également le milieu entre leurs qualités opposées. Il a le nécessaire, mais rien de superflu ; il est harmonieux et facile, mais sans atteindre à la merveilleuse flexibilité de l'arabe (1). »

C'est que l'hébreu, c'est le phénicien, le type alphabétique par excellence. On voit que l'arabe a un *système grammatical très compliqué,* que c'est un *labyrinthe de formes grammaticales,* qu'il est d'une *flexibilité merveilleuse.* C'est précisément le reproche qu'on fait aux langues dites indo-européennes. L'hébreu seul, c'est-à-dire le phénicien, est une *langue métallique;* il a le *nécessaire,* mais *rien de superflu,* et il est *harmonieux et facile.*

Nous assistions, en 1875, au Congrès des Américanistes tenu à Nancy, et, considérant la multiplicité et l'importance des réunions scientifiques destinées à toutes les branches des notions humaines, nous exprimâmes cette pensée, qui d'ailleurs était dans tous les esprits : « Pourquoi ce besoin de scruter le passé et le présent des grands peuples comme des peuplades les plus intimes? » Or, la recherche la plus importante, c'est assurément celle qui a pour objet le langage. Il nous semblait que toutes les sociétés humaines, toutes les peuplades, toutes

(1) E. Renan, *De l'Origine du Langage,* p. 188-189.

les nations disséminées sur la surface du globe, par leurs instincts et par leurs aspirations, sont invinciblement attirées vers l'assentiment aux notions morales, telles que le mosaïsme et le christianisme les ont révélées et répandues avec une souveraine autorité ; que, par une conséquence rigoureuse, tous les peuples devaient tendre à se rencontrer un jour dans le même courant d'idées, dans l'impérieux désir de communiquer entre eux au moyen d'un langage uniforme.

M. Max Müller, dans sa quatrième leçon (*La Science du Langage*, p. 132), après avoir mis en parallèle les paradigmes de *habeo* latin et de *haba* gothique, déclare que « c'est par le christianisme que furent abaissées les barrières qui séparaient les Juifs et les Gentils, les Grecs et les Barbares, la race blanche et la race noire. . . . .

« L'idée de l'humanité, ajoute-t-il, formant une seule famille, composée des enfants d'un même Dieu, est une idée chrétienne, et, sans le christianisme, la science de l'humanité et des langues qu'elle parle n'aurait jamais pris naissance. Quand on eut appris à regarder tous les hommes comme des frères, alors, et alors seulement, la variété du langage humain se présenta comme un problème qui exigeait une solution aux yeux des observateurs intelligents. » . . . .

M. Max Müller oublie que cette *science de l'humanité et des langues qu'elle parle* n'est pas née du christianisme ; qu'elle se trouve entièrement contenue dans le mosaïsme. En effet, dès le commencement de la Genèse, nous voyons que l'humanité est *une* puisqu'elle est issue du même père et de la même mère. Nous sommes heureux de reconnaître que le christianisme a puissamment contribué à répandre dans le monde cette idée de la fraternité universelle et de l'unification future du langage.

A l'appui de notre importante assertion nous invoquons les témoignages les plus irrécusables. Nous lisons dans le prophète Sophonie :

כי אז אהפך אל עמים שפה ברורה לקרא כלם בשם יהוה לעבדו שכם אחד

« Car alors j'accorderai aux nations *une langue pure* pour que *toutes* elles invoquent le nom de Jéhovah pour le servir avec *unanimité* (III, 9). »

Écoutons maintenant le sublime Isaïe :

באה לקבץ את כל הגוים והלשנות ובאו וראו את כבודי

« Elle viendra (l'époque), de *réunir tous les peuples et les langues;* ils viendront et verront ma gloire (LXVI, 18). »

Ce résultat gigantesque apparaîtra comme facile à produire du jour où l'on reconnaîtra la réalité de la langue phénicienne et l'offre qu'elle semble faire d'elle-même à tous les peuples qui lui ont pris la substance de leur langage.

Il y a dans ces deux dernières citations, dans une foule d'autres que nous épargnons au lecteur, une marque vraiment providentielle !

Les seuls procédés scientifiques suffisent à démontrer que les principales langues du monde, c'est-à-dire les langues indo-européennes, dérivent du phénicien. Les prédictions de Sophonie et d'Isaïe ne peuvent manquer de s'accomplir: lorsque les autres peuples de l'univers pourront apprécier la langue phénicienne, ils l'adopteront successivement.

Quand on aura lu notre chapitre VI « DÉSINENCES » on tirera forcément les deux conclusions suivantes :

1° Tous les radicaux des mots indo-européens variables ou invariables ont été empruntés à des mots phéniciens, tantôt qu'ils traduisent directement, tantôt dont le sens leur a fourni un des caractères essentiels qui les distingue;

2° Pour donner à ces radicaux des marques spéciales appropriées aux diverses circonstances dans lesquelles ils sont employés, c'est-à-dire pour former les différentes terminaisons ou flexions, les peuples dits aryens ont recouru quelquefois aux pronoms phéniciens, plus souvent, presque toujours, aux deux verbes phéniciens qui signifient *être*, היה *eie* et יש *ich* (*is*). Quelle heureuse imagination, quelle sublime harmonie! Par là ils ont voulu affirmer la puissance de l'*être* et comme en animer les radicaux qui, en somme, ne font qu'exprimer les conditions distinctes et constitutives de chaque mot variable, concret ou abstrait.

On peut reconnaître enfin que cette force flexionnelle de היה *eie, être,* et יש *ich* (*is*) *il est*, a la plus auguste origine. En effet, l'*Etre* suprême a été nommé יהוה *Jeue* (Jéhovah) dû mot phénicien יהיה *icie, il est;* dans l'Ecriture, Dieu dit de lui-même : אהיה אשר אהיה *aeie achr aeie* « *Je suis qui Je suis.* » L'*être* créé qui se rapproche le plus de l'*Etre* Créateur, l'homme, s'exprime par איש *aïch* (*aïs*) qui en phénicien signifie homme, l'*être* disant de lui-même : א-יש *a-ïs* « *j'ex*-IS-*te*. »

CHAPITRE V

NÉCESSITÉ DE LA LANGUE PHÉNICIENNE

L'emploi de la langue phénicienne comme langue universelle s'impose nécessairement.

Tout le monde est d'accord sur les difficultés de l'orthographe et de la prononciation de notre langue française. Un mot s'écrit d'une façon et se prononce d'une autre ; l'on peut, à peu de chose près, en dire autant des autres langues modernes et même de toutes les langues anciennes dérivées.

Trouver le moyen de prononcer comme on écrit, de telle sorte qu'un signe représente un son unique et que chaque son soit représenté par un signe unique, voilà ce qui fait l'objet des recherches des meilleurs écrivains français, et dont les efforts sont constatés dans un excellent livre publié en 1868 (1). Les lignes suivantes donnent l'idée générale de l'esprit de ce livre :

« Que d'efforts et de fatigues quelques réformes pourraient encore épargner aux mères et aux professeurs! que de larmes à l'enfance! que de découragements aux populations rurales! Tout ce qui peut économiser la peine et le temps perdus à écrire des lettres inutiles, à consulter sa mémoire, souvent en défaut, profiterait à chacun. Car, avouons-le, personne d'entre nous ne saurait s'exempter d'avoir recours au Dictionnaire pour s'assurer s'il faut soit l'*y*, soit l'*i*, dans tel ou tel mot; soit un ou deux

(1) Ambroise Firmin Didot, imprimeur de l'Académie française : *Observations sur l'orthographe ou Ortografie française, suivie d'une Histoire de la Réforme orthographique, depuis le XVe siècle jusqu'à nos jours.*

l, ou *n* ou *p* dans tel autre; soit un *ph* ou un *th*; un accent grave ou un accent circonflexe, un tréma ou un accent aigu, un trait d'union ou même la marque du pluriel, l'*s* ou l'*x*, dans certains mots (1). »

Ce livre nous révèle les noms des plus illustres écrivains qui n'ont tenu aucun compte de la rigueur de l'orthographe, et l'on serait étonné si nous rapportions ici toutes les libertés qu'ils ont prises dans leur style, toutes les infractions qu'ils se sont permises. Nous citerons Corneille, Bossuet, l'abbé de Saint-Pierre, de Wailly, Voltaire, Volnay, La Fontaine, Racine, etc., etc.

Nous trouvons dans le même livre des citations de Sainte-Beuve, de MM. Littré et Quicherat, qui, eux aussi, tout en ne s'écartant pas des règles académiques, ont signalé l'arbitraire de l'orthographe.

« . . . .

Il y a, d'ailleurs, quantité de corrections à introduire dans le nouveau dictionnaire et qui ne sauraient faire doute un moment. Pourquoi, dans le verbe *asseoir*, ne met-elle l'*e* qu'à l'infinitif, et pourquoi, dans le verbe *surseoir*, met-elle l'*e* à l'infinitif, et de plus au futur et au conditionnel? — Pourquoi écrit-elle *abattement*, *abattoir* avec deux *t* et *abatis* avec un seul? Pourquoi *charrette*, *charretier* avec deux *r* et *chariot* avec un seul? Pourquoi *courrier* encore avec deux *r* et *coureur* avec un seul? Pourquoi *banderole* avec un seul *l* et *barcarolle* avec deux? Pourquoi *douceâtre* et non *douçâtre*, comme si l'on n'avait pas le c avec cédille, etc. (2). »

« L'habitude commune dans les anciens textes de ne pas écrire les consonnes doublées qui ne se prononcent pas et de mettre *arester*, *doner*, *apeler*, etc., mériterait d'être transportée dans notre orthographe. On écrit dans les anciens textes, au pluriel, sans *t* les mots *enfans, puissans*, etc.; cette orthographe, depuis longtemps proposée par Voltaire, est un archaïsme bon

(1) Ambroise Firmin Didot, *liv. cité*, p. 3.
(2) Sainte-Beuve, voir *Moniteur universel* du 2 mars 1868, et A. Firmin Didot, *liv. cité*, p. 73.

à renouveler. Ceux qui s'effraieraient du changement d'orthographe ne doivent pas se faire illusion sur l'apparente fixité de celle dont ils se servent. On n'a qu'à comparer l'orthographe d'un temps bien peu éloigné, le XVIIe siècle, avec celle du nôtre, pour reconnaître combien elle a subi de modifications. Il importe donc, ces modifications étant inévitables, qu'elles se fassent avec système et jugement. Manifestement, le jugement veut que l'orthographe aille en se simplifiant, et le système doit être de combiner les simplifications de manière qu'elles soient graduelles et qu'elles s'accordent le mieux possible avec la tradition et l'étymologie (1). »

« . . . .
J'ai suivi presque toujours son autorité (de l'Académie Française) sous le rapport de la grammaire et de l'orthographe, bien que parfois je ne fusse pas satisfait de ses solutions. Ainsi je faisais tout bas mes réserves quand j'indiquais comme étant du masculin le mot *quadrige,* et du féminin le mot *exemple* (d'écriture). Je trouvais assez singulier qu'on écrivît *dyssenterie* quand on écrit tout de suite après *dysurie*. Je ne m'explique point par quelle subtilité on a établi entre *zephire* et *zéphyr* une distinction que l'étymologie condamne et dont les poètes ne tiennent aucun compte. Je ne comprends rien à la bizarrerie qui conserve l'adjectif invariable dans cette locution : Ils se faisaient *fort* de, elle se fait *fort* de (2). »

Parmi les nombreux réformateurs que cite le même livre, nous remarquons le nom d'un éminent publiciste (3) et d'un autre publiciste moins connu (4). En 1867, M. Emile de Girardin avait accepté la dédicace de l'ouvrage de M. Albert Hétrel, correcteur d'imprimerie, contenant *la solution de toutes les diffi-*

(1) Littré, *Histoire de la langue française*, t. I, p. 327, et A. Firmin Didot, *liv. cité*, p. 163-164.

(2) L. Quicherat, *Dict. français-latin*, 1864, préface, et A. Firmin Didot, *liv. cité*, p. 165-166.

(3) M. Emile de Girardin.

(4) M Alexandre Erdan, correspondant en Italie du journal *le Temps*, mort en 1878.

cultés de la langue française ; il écrivit à l'auteur une lettre véritablement prophétique et dont M. Firmin Didot nous donne le texte. Voici cette lettre :

« Je n'accepte pas l'expression de votre reconnaissance, mais j'accepte la dédicace de votre livre. Il est curieux, ce qui le rendra instructif. Du désir qu'il donne de le parcourir naîtra bientôt l'habitude de le consulter.

« Que d'innombrables fautes journellement commises il relève ! Que d'inexplicables contradictions, passant généralement inaperçues, il signale !

« Mais ce qu'il révèle surtout, c'est à quel point l'arbitraire règne encore, en France, dans le langage. Où les exceptions à la règle sont si nombreuses, ne peut-on pas dire de la règle qu'elle n'est qu'une exception à l'exception et qu'il n'y a pas de règle? Le langage est un art ; il n'est pas encore une science. Ce qu'il faudrait, c'est qu'il en devînt une. L'art vaut ce que vaut l'artiste ; la science vaut par elle-même. Ce qui caractérise l'art, c'est la personnalité, c'est la diversité ; ce qui caractérise la science, c'est l'universalité, c'est l'unité. Ce qui la caractérise encore, c'est d'être essentiellement progressive, c'est de tendre constamment à convertir les obstacles en moyens et les problèmes en solutions. Si au lieu d'être un art, le langage était une science, il n'épargnerait rien pour devenir de plus en plus simple, de plus en plus précis, de plus en plus facilement correct. La règle ne fléchirait plus sous l'exception ; ce serait l'exception qui disparaîtrait sous la règle. Si la science du langage était moins imparfaite, croit-on que l'art du langage y perdît? Je ne le crois pas.

« Partout, en Europe, les peuples abaissent maintenant les barrières qu'ils s'appliquaient autrefois à rendre infranchissables... Une barrière qui ne s'est pas abaissée, c'est celle que met entre les nations la différence des langues. Arrivera-t-on, un siècle ou l'autre, à l'adoption d'une langue universelle ? Je n'en doute point... Chemins de fer et télégraphes électriques, ces inventions d'hier, mènent chacune des grandes parties du monde à l'unité d'usages et de lois, de mœurs et de modes, de mesures et de monnaies. A son tour, cette unité mènera à l'unité de langue, comme une conséquence mène à une autre conséquence. Cette langue commencera par n'être qu'une langue auxiliaire, deviendra la langue internationale, et finira par être la langue définitive. De cette langue, que la nécessité s'appliquera à rendre aussi simple que possible, disparaîtront tous les mots qui n'ont plus de sens, tous les mots qui n'ont pas de sens, tous les mots qui ont plusieurs sens. Il y aura un mot pour chaque chose, mais pour chaque chose il n'y aura plus qu'un seul mot. Formation, déclinaison, genre, orthographe et prononciation des mots, conjugaison des verbes, seront assujétis à des règles invariables, faciles à apprendre, faciles à retenir.

« Il fut un temps où généralement le paysan français ne savait parler que le patois de sa province. Il est rare maintenant, et il devient de plus en plus rare, que ce paysan ne sache pas à la fois et le patois de « son pays » et la langue de sa patrie. On peut même ajouter que, depuis que le paysan apprend l'une, il désapprend l'autre. Les patois s'en vont ; je me trompe, il faut dire : ils se succèdent ; car un temps viendra où, l'Europe ayant sa langue commune, parler allemand, parler anglais, parler espagnol, parler français, parler italien, ce sera parler patois. Mais jusqu'à ce que ce temps arrive, temps qui peut être proche, mais temps aussi qui peut être loin, tout ce qui aura pour but et pour effet de dévoiler les difficultés et les irrégularités dont les langues actuelles sont hérissées, méritera d'être hautement et chaudement encouragé (1). »

Parler de M. Alexandre Erdan, c'est parler encore de M. de Girardin, car c'est dans le journal *La Presse* que parut, en 1852, une série d'articles sur la question linguistique, et que l'auteur, en 1854, réunit en volume sous le nom de LES RÉVOLUTIONNAIRES DE L'*A, B, C*. La pensée de la langue universelle y est déve-

(1) A. Firmin Didot, *liv. cité*, p. 369-370.

loppée avec beaucoup de poésie; elle témoigne de la vive sollicitude de M. Erdan pour la cause de l'humanité et pour la langue universelle comme agent suprême de l'unification du monde. Mais il ne se doutait guère de quelle manière un tel vœu pourrait un jour se réaliser. Partisan d'une réforme sérieuse de notre orthographe, il songeait plutôt à la diffusion générale de la langue française et il abondait ainsi dans le sentiment des phonographes et des néographes, dont nous allons parler.

Dans son vif désir d'atteindre à la langue et à l'alphabet universels, qu'il nommait « une sorte de méthode sténographique (1), » ce novateur fit appel à un congrès de linguistes, et conclut en ces termes :

« Toute institution de cette nature qui n'offre pas aux intelligences quelque lointain philosophique, quelque échappée d'idéal et d'infini, ne fait que végéter obscurément, sans influence et sans avenir (2). »

C'est au XVIe siècle, époque de la renaissance des lettres en France, qu'on s'aperçut de l'anomalie qui existait entre l'orthographe et la prononciation de notre langue; et nous trouvons, dans le livre de M. Firmin Didot, les noms des écrivains ci-après, dont les tentatives de réformes orthographiques sont plus ou moins prononcées : Ronsard, d'Ablancourt, Corneille, Bossuet, Dangeau, Choisy, l'abbé Girard, l'abbé de Saint-Pierre, Duclos, Beauzée, de Wailly, Voltaire, Neufchateau, Domergue, Volney. de Tracy, Andrieux, Daunou, Quicherat, Tory, du Wes, Palsgrave, Jacques Dubois, Dolet, Robert Estienne, Meigret, du Bellay, Pelletier, Perion, Garnier, La Ramée dit Ramus, Pasquier, Henry Estienne, Rambaud, Laurent Joubert, Saint-Lien, Montaigne, Palliot, Poisson, E. Simon, Godard, Ch. Saurel, Oudin, Chiflet, Port-Royal, Francis Wey (les Précieuses), Moinet, Lesclache, Lartigaut, Ménage, Charpentier, Richelet, des

(1) M. Schröder, dans *L. Langue Phénicienne*, p. 14, compare l'écriture phénicienne à la sténographie, tellement elle est concise.

(2) A. Erdan, *Les Révolut. de l'A. B, C*, p. 25.

Marais, Buffier, Grimarest, le Père Vaudelin, Trévoux (mémoire de), de Longue, Jacquier, Du Marsais, Dumas, Donchet, l'abbé Cherrier, Viard, Roche, Boinvilliers, Batet, Marle, Vanier, Faure, Malvin Cazal, Féline, Poitevin, Raoux, Hétrel, B. Jullien, Fournel, A. Bernard, L. Noël et Liévin.

Volney, qui attachait la plus grande importance à la formation d'un alphabet universel, a fondé un prix académique pour l'auteur du meilleur alphabet. Il songeait à l'alphabet latin pouvant s'appliquer aux langues asiatiques. — Nous dirions bien que c'est le contraire qu'il convient de faire, qu'il faut appliquer l'alphabet asiatique à toutes les langues qui ont l'alphabet pour base, s'il ne nous fallait démontrer que forcément nous devons revenir à la langue originaire alphabétique, puisque toutes les langues qui en dérivent n'en sont qu'un pâle reflet ; nous le prouverons à satiété.

Nous avons raconté les efforts successifs qui ont conduit l'humanité à la merveilleuse invention de l'alphabet. Les Égyptiens, pour se rappeler les noms étrangers qui n'avaient aucune expression dans leur langue parlée, ont eu très ingénieusement recours à des objets de la nature qui, dans leur langage parlé, étaient exprimés par un mot. Et abandonnant la signification même de ce mot, ils lui empruntaient le premier son pour en former une lettre, et ils représentaient cette lettre unique par l'image tout entière de l'objet : ainsi, pour exprimer le nom d'Alexandre, ils le décomposaient en neuf signes ; ces neuf signes étaient figurés chacun par un objet différent, et constituaient dans leur ensemble la prononciation du mot Alexandre : pour nous faire mieux comprendre, disons que la voyelle *A*, dans Alexandre, était représentée par un aigle, parce que, dans la langue parlée de l'Égypte, aigle se disait *Azom*, dont le premier son a fourni *A*. Pour la seconde lettre, *l*, ils ont peint un lion, *labo*, et ainsi de suite.

Les Egyptiens n'auraient pas songé à mettre sur l'aigle, sur le lion un point ou un signe quelconque. Un aigle est un aigle et un lion est un lion. Et lorsque les Phéniciens, qui adoptèrent le même système graphique qu'ils surent amener à sa perfection, décidèrent que la tête de bœuf formerait pour tout le monde le son *a*, la maison le son *b*, le chameau le son *g*, etc., ils ne pouvaient prévoir toutes les perturbations dont leur belle invention serait un jour l'objet; qu'auraient-ils dit si on leur avait montré le bœuf avec un accent grave au-dessus de la tête? Lorsqu'ils ont désigné le son *e* par une main ouverte, ils ne pensaient pas que leur lettre *e* deviendrait un jour *é* fermé, *è* ouvert avec l'accent grave, *ê* long avec l'accent circonflexe, et encore moins *e* muet. Les autres voyelles ne sont guère plus épargnées.

Pour eux chaque signe vocal n'exprime qu'un son ; un même son n'est exprimé que par une seule figure (*a*), tandis que dans les langues dérivées on se joue des signes qui représentent des sons, et nous avons l'exemple des substitutions suivantes : *a* devient *e* en anglais (le bœuf devient une main), dans to *take*, to *rate; o* devient *u* dans le mot *to* (l'œil devient un crochet); *oo* deviennent *ou* dans *too,* dans *goose* (deux yeux changés en un crochet); *ea* deviennent *i* dans to *speak,* to *read* (la main et le bœuf changés en la figure de l'index); *g* devient *f* dans *enough*, to *laugh*. En français, *au* devient *o* dans *autel*, *autorité*; *ai* devient *è* dans *faire, polaire*, comme d'ailleurs en anglais dans to *fail,* to *gain; t* devient *s* en français, dans *attention, prétention; c* devient *s* dans *garçon, citoyen; g* devient *j* dans *giron, giberne, gêner, germer*. De nombreuses lettres en français ne se prononcent pas, comme *c* dans *tabac*, comme *t* dans il *bat*. Ainsi en est-il des lettres *s, e, r, t* à la fin des mots et souvent au milieu des mots. Cela existe en anglais dans to *know*, dans *knife* où *k* est muet, et dans to *talk* où la lettre *l* ne se prononce pas.

Dans d'autres langues, comme l'allemand, le latin, qui ont la prétention de parler comme on écrit, on trouve, en allemand, le verbe *singen*, qui se prononce à peu près comme le mot français *signer*, avec lequel il n'a aucun rapport étymologique ; ni l'un

(*a*) Voir à la page 60, chapitre IV, le tableau de l'alphabet phénicien.

ni l'autre ne se prononcent comme ils sont écrits, car il faudrait dire *sin-gen*, tandis qu'il devient impossible d'indiquer par des signes la manière dont en effet on prononce le mot *singen*, et il nous faudrait prononcer *sin-ier* le mot *signer*.

Il en est ainsi du mot français *sang* et du mot allemand *gesang*, également sans rapport étymologique, et d'une foule d'autres mots français et allemands, renfermant un son nasal impossible à peindre. Prenons maintenant le mot *sieg*, où la lettre *e* est complètement passée sous silence. Il en est de même de tous les mots allemands où *e* est précédé de *i*, comme *sie*, *die*, *wie*, *gierd*, *ziehen*, etc.

Le *g* s'articule de deux manières différentes : tantôt comme notre *j*, par exemple dans der *evige*, der *heilige*, tantôt comme notre *g*, devant toute autre lettre, que *e*, *i*, par exemple dans *gehn*, *grob*, etc. Il y a même une troisième et une quatrième façon de le prononcer : dans *jagd*, en entend le son guttural ח *h* des Phéniciens, son que possèdent également les Espagnols; et les Berlinois font du *g* un *i*, en disant *jewesen*, *jejessen* pour *gewesen*, *gegessen*.

Vient ensuite le *ch*, articulé quelquefois comme en français dans *recht*, et parfois avec le son guttural dont il vient d'être parlé, dans *macht*. *Ei* se prononce *aï* dans *reiter*, *seine*, *schneiden*, *speisen*; *eu* devient une diphtongue, comme en français, dans *euch*, *eule*, au lieu qu'il ne doit pas y avoir de diphtongue, chaque son vocal devant être indiqué par lui-même : *freude* se prononcerait *fre-ude*; *au* ne se prononce pas comme en français *o*, mais il ne se prononce pas non plus *a-u* dans *aus*; il y a là un son bâtard que représente aussi bien *ou* que *au*. Nous avons ensuite *th*, qui n'est pas plus nécessaire qu'en français : *fluthen* serait aussi bien compris si on écrivait *fluten*. Et les lettres redoublées? La langue originelle n'admet pas de lettres redoublées, sans que chacune d'elles soit prononcée séparément. Ich *will* serait compris par Ich *wil*, *mann* par *man*, *meer* par *mer*; *ck* n'a pas de raison d'être, pas plus qu'en français *cq* : on dirait *deken*, en gagnant un c, comme on dirait *aquitter* en gagnant un *c*; *führen* renferme un *h* qui ne se prononce pas; *schmetteren*, un *t* qui ne se prononce pas davantage.

En allemand et en français, l'*s* entre deux voyelles s'adoucit, et s'articule comme notre *z*, que pourtant les Allemands ne possèdent pas, et que l'on trouve dans l'alphabet primitif sous la forme d'un petit marteau ז qu'on nomme *zin* (prononcez *zinn*). Les Français et les Allemands ne se doutaient guère qu'en adoucissant leur *s* ils transformaient un *support* en un *marteau*.

Pour obtenir le son de notre *ch*, la langue allemande a besoin de le faire précéder d'un *s*, ce qui fait *sch*, trois lettres pour une, ש. Puis viennent les signes diacritiques, dont, en thèse générale, nous avons fait justice : dans *thür*, outre qu'il y a un *h* de trop, la voyelle *ü* surmontée de deux petits traits, devient une sorte d'*i; gewässer*, avec son *ä* surmonté de deux petits traits, fait *gewesser*, *a* est devenu *e*; *ö* surmonté de deux petits traits devient *eu*, dans *hören* et dans *völker*, etc. La langue latine offre une perturbation moindre; toutefois les anomalies ne sont pas rares. Elle s'écarte aussi bien de ce principe : un seul son = un seul signe; *g* se prononce de deux manières différentes comme en français, dans *Virgilius, magis,* et dans *figulum, magno, gravis.* De même *c* se prononce *s* devant *e* et *i;* exemples : *cerno, accedo, facile, dicere*, et se prononce *k* devant les autres lettres; exemple : *cujus, crassus, caluisse, locus, depactus; æ et œ* se prononcent comme *e* dans *præcipue, rosæ*, etc. Les Latins ont des signes diacritiques, comme dans *rosâ* à l'ablatif, tandis que le son *a* ne change pas plus que *o* n'est changé dans *illicò*, que *e* n'est changé dans *facilè*, et *u* dans *faciliùs*. Remarquons cependant que les nouvelles éditions des auteurs latins prouvent la tendance à diminuer les signes diacritiques; ainsi on y a déjà supprimé l'accent circonflexe sur la lettre *a*, terminaison de l'ablatif. Les syllabes contractées, les adverbes au positif, au comparatif et au superlatif, la conjonction *cum* et quelques autres mots, ont généralement perdu l'accentuation.

La lettre latine *x* représente *cs;* c'est une lettre double, par conséquent *saxa* est pour *sacsa*. Les Latins ont *ph* pour *f: philo-*

sophia, Daphnis; ch se prononce comme *c* dur dans *stomachus pulcher*. Nous passons sur *au* qu'on prononce *ô* dans *haud, augeo;* car il est probable qu'on prononçait l'une et l'autre de ces voyelles, de même qu'on pouvait prononcer *t* dans *initio*, quand nous prononçons *s*.

En grec, il y a deux lettres doubles ψ, ξ : *ψύχη* pour *πσύχη*, *ξύλον* pour *κσύλον*; ζ, classé parmi les lettres doubles, est en réalité une consonne simple, puisqu'il correspond exactement à la lettre phénicienne *zin-n*, ז, dont nous parlions tout à l'heure. Il y a deux voyelles *o* : ο, ω — *φόνος*, *φώνη*; *αυ* se prononce *o*: *αΰτος*. Les signes diacritiques abondent dans cette langue : tréma, accent aigu, accent grave, accent circonflexe, esprit doux, esprit rude.

Dans toutes les langues dérivées, et particulièrement dans les langues slaves, la même irrégularité et les mêmes complications existent à des degrés différents. D'ailleurs, le livre de M. A. Firmin Didot est plein de ces anomalies et de ces inconséquences, qui ont embarrassé tant d'écrivains distingués : *lettes doubles, trait d'union*, mots en *ant* et en *ent*, en *ance* et en *ence*, etc., etc.

Les savants de Port-Royal, dans leur GRAMMAIRE GÉNÉRALE posaient ces principes :

« 1° Que toute figure marquât quelque son, c'est-à dire qu'on n'écrivît rien qui ne se prononçât (critique des mots *eau, chaud, plomb*, etc.) ;

« 2° Que tout son fût marqué par une figure, c'est-à-dire qu'on ne prononçât rien qui ne fût écrit (critique des diphtongues telles que *eu, ou*, qui sont de véritables sons simples et qui devraient avoir leurs caractères) ;

« 3° Que chaque figure ne marquât qu'un son, ou simple ou double (critique de *ph, th*, philosophie, thaumaturge) ;

« 4° Qu'un même son ne fût point marqué par différentes figures (critique des majuscules capitales, etc.) (1). »

(1) A. Erdan. *Les Révolut. de l'A, B, C*, p. 39.

Ces messieurs n'en tinrent pas compte dans la pratique, et cela se comprend, car, pour le faire, il leur aurait fallu écrire *o* au lieu d'*eau*, *cho* au lieu de *chaud*, *plon* au lieu de *plomb;* que deviendrait l'étymologie? Nous citons ici, fort à propos, les paroles de l'un de nos judicieux grammairiens contemporains :

«..... Tandis que des grammairiens isolés (l'abbé Dangeau, etc.), tentent, après Ramus au seizième siècle, Expilly au dix-septième, de conformer l'orthographe sur la prononciation, en un mot d'écrire comme l'on parle, — tentative absurde en elle-même, puisque l'orthographe du mot résulte de son étymologie, et que la changer, ce serait lui enlever ses titres de noblesse, etc. (1). »

Port-Royal sentait fort bien que cette réforme, ou plutôt cette réformation, ajouterait mille difficultés à l'étude déjà si difficile de la langue française, arracherait violemment les mots français de la source d'où ils dérivent, enfin détruirait absolument notre langue.

Ainsi, en écrivant *o* (eau) on perdrait toute trace du latin *aqua*, qui a produit *aqueux*, *aquatique, aquarelle*, et qui, pour exprimer l'idée la plus simple du liquide même (eau), s'est dépouillé de la lettre *q,* ce qui a laissé subsister *aua;* la terminaison latine *a* étant retranchée, il est resté en français *au*, que l'usage a fait précéder d'un *e* muet qui n'ajoute rien au son, si ce n'est une sorte d'aspiration douce.

En écrivant *cho*, l'origine latine *calidus* disparait absolument, et par suite la trace de *calorique* et *chaleur* serait perdue, tandis qu'elle est conservée par *chaud*, qui n'est autre chose que *cald*, où *ca* a été adouci en *cha*, *l* changé en *u*, comme dans *mau*-conseil pour *mal*conseil. L'orthographe *plon*, au lieu de plom*b*, détruisait la parenté de *plomber*, *plombier*, et la remplaçait par celle de *ploner*, *plonier*.

C'est ici le lieu de rappeler ce procédé des langues indo-européennes qui a consisté, pour créer un mot, non pas à le cal-

(1) A. Brachet, *Gramm. hist. de la lang. franç.*, p. 64.

quer toujours sur un mot phénicien qui lui donnait ainsi sa propre forme et sa propre signification, mais à former ce mot d'après un radical originel différent, qui lui imprimait l'un de ses caractères essentiels :

Ainsi, et pour ne citer qu'un exemple, *aqua* (eau) a pour expression directement correspondante en phénicien le mot מים *mim;* et cependant il n'y a aucune identité entre ces deux mots. Pour quel motif donc les Latins ont-ils choisi le mot *aqua* pour exprimer l'idée d'*eau?*

Nous avons en phénicien un mot qui signifie, entre autres sens, *affluer, confluer, confluent d'eau, canal.* Ce mot c'est קוה *que;* en voici des applications :

יקוו המים i-*qu*-u e-mim	(Genèse I, 9) que les eaux *confluent.*
ולמקוה המים u-l-m-que e-mim	(Genèse I, 10). Et au *confluent* d'eaux.....

J'afflue s'exprimerait par אקוה *aque;* c'est là l'origine de *aqua.*

On voit par là, nous tenons à le répéter, que les Latins, comme d'ailleurs les autres peuples qui doivent l'origine de leur langue aux Phéniciens, ne se sont pas constamment assujétis à modeler servilement radical sur radical, mais qu'ils ont su choisir le plus souvent dans le vocabulaire originaire d'autres radicaux renfermant au moins l'un des caractères essentiels de l'idée qu'ils voulaient exprimer. C'est ainsi encore que les Latins, abstrayant de l'idée d'*eau* la propriété de se *mouvoir facilement,* ont recouru à un autre radical primitif הלך *elc* ou לכה *lce* (*a*), qui signifie *aller, venir, s'écouler,* et dont ils ont formé les mots *liq*-uor, *liq*-uidus. Un autre mot originel בוא *bua,* au passé בא *ba, aller, venir,* etc., a produit chez les Allemands, à cause du même caractère essentiel contenu dans *eau,* le mot *wa*-sser, dont les Anglais ont fait *wa*-ter, et les Indiens *vâ*-ri.

(*a*) Les langues dérivées, comme on le verra constamment par la suite, substituent entre elles les articulations *q*, *k* ou *c dur.* Nous rappelons ici que notre *c* employé pour figurer une prononciation phénicienne s'articule toujours comme le *k.*

Chaud, nous l'avons indiqué, vient du latin *cal*-idus, dérivé lui-même de *cal*-ere, *être chaud*, *brûler*. Il faut y ajouter *cl*-arere, *briller*, être *clair*. Le mot originel est קלה *qle* qui signifie *brûler*, *enflammer*, *rôtir*, *griller*.

Par son onomatopée et par sa signification, קל *ql* désigne une chose *mince*. En effet, l'une des propriétés essentielles de la flamme, c'est de *s'amincir*, de devenir graduellement plus *exiguë*, jusqu'à ce qu'elle se termine en *pointe*. C'est pour cette raison que le même mot קל *ql* a été choisi par les Latins pour nommer cette partie plus *mince* du corps humain qui attache la tête au tronc, *col*-lum, *cou*.

Certains diminutifs affectent la terminaison *cul*-us, parce qu'ils expriment effectivement quelque chose de *réduit:* monti-*cul*-us, *monticule*, parti-*cul*-a, *particule*. *Cal*-vus, *chauve*, rentre évidemment dans cette catégorie ; le même mot est adopté par les Allemands, *kahl*, signifiant, comme *cal*-vus, une *dégarniture*, un *dépouillement* de cheveux, par conséquent un *amoindrissement*, une *diminution*.

C'est aussi pour désigner quelque chose de *restreint*, de *petit*, que קל *ql* ou קול *qul* signifie la *voix*, qui se forme dans un *étroit tuyau* du cou ; d'où les Latins ont dit *cl*-amare, *crier*, *cl*-angere, *retentir*, *cal*-are, *appeler*.

Dans l'ordre de *dire*, de *crier*, d'*appeler*, de *bruire*, les Grecs ont καλ-εῖν, *appeler*, κλ-άζειν, *crier*, κλ-αγγὴ, *cri aigu*, κέλ-ομαι, *inviter* par la *voix*, κλ-ειν, *dire*, κλ-ύειν, *entendre*, *apprendre* par la *voix* ; dans l'ordre de diminution, ils ont κλ-αειν, *amollir*, *affaiblir la voix ;* κλ-ιμα, région, *fraction*, *partie amoindrie* de l'univers ; κλ-ίνειν, *coucher*, faire *plier*, rendre plus *petit :* c'est le mot *kl*-ein des Allemands. Nous nous sommes borné aux mots racines, dont les dérivés sont innombrables. Nous faisons de même pour l'allemand : dans l'ordre de *dire*, de pousser des *cris plaintifs*, on trouve *kl*-agen, *se plaindre*, *kl*-ingen, *rendre ou faire entendre un son*, *kl*-irren, *rendre un son aigu ;* dans l'ordre de diminution, *kahl*, *dépouillé*, *amoindri ;* dans l'ordre de *chaleur*, *kal*-k (*cal*-x en latin) *chaux*, *kohl*-e, *charbon*, *braise*.

Cependant קל *ql* a d'autres sens encore : *bas, vil, méprisé;* c'est la conséquence d'*amoindrissement.* Le verbe קלל *qll*, toujours dans le sens de *mépris*, signifie *maudire.* Chacun de ces mots signifie encore *léger, légèreté, agilité, promptitude, finesse, ruse, subtilité, malignité, perfidie.* De là une grande quantité de dérivations : en latin, *cal*-lidus veut dire *habile, ingénieux, astucieux, rusé, fin; cal*-lere, oc-*cal*-lescere, *cal*-lidus, *cal*-lens, *cal*-losus, *cal*-lum, signifient *durcir,* avoir des *durillons,* des *rugosités,* et, dans le sens moral, *force d'âme, capacité :* le *frottement* qui est l'une des significations de קלל *qll* (Ezéchiel I, 7 et Daniel X, 6), donne la *rugosité*, comme il donne l'*expérience*, c'est-à-dire l'*intelligence, la force d'âme.* Le mot allemand *kl*-ug *intelligent, perspicace,* tire de là son origine.

Plomb vient du latin *plumbum.* Voilà encore un de ces mots dont nous parlions tout à l'heure, qui ont été puisés dans la langue alphabétique primitive, sans rapport immédiat avec le mot identique de cette langue. Contrairement au mot précédent, c'est dans une autre racine qu'il faut aller chercher la cause de l'expression latine et de l'expression française.

En effet, *plumbum* et *plomb* n'ont rien de commun avec עפרת *opr-t*, qui en phénicien signifie plomb, dont la racine est עפר *opr*, *terre* ou *poussière*, parce que, sans doute, le plomb se trouve dans la terre. On objectera que le fer, le cuivre, l'argent, l'or se trouvent également dans la terre ; nous n'avons pas à scruter le motif du choix des Phéniciens, qui ont su nommer les autres métaux d'après certaines qualités essentielles qui les distinguaient entre eux dans leur esprit.

Or, voici le mot phénicien qui a donné son radical à *pl*-umbum, *pl*-omb. Ce radical est נפל n-*pl*, *tomber,* dont le primitif est פל *pl;* car la lettre נ *n* s'élide très souvent dans les formes verbales ; elle est plutôt le signe du passif. C'est uniquement la racine פל *pl* qui constitue l'onomatopée originelle et que l'on retrouve presque identique dans les mots français *pal,* instrument de fer qu'on enfonce dans la terre pour faire un trou destiné aux plantations, c'est-à-dire qu'on fait *tomber* violemment contre le sol pour l'y enfoncer ; *pil*-e, coup violent qui *tombe* sur quelqu'un; *pil*-e voltaïque, appareil qui peut foudroyer ou faire *tomber*; *pil*-on, instrument de fer, de bois, ou de pierre qui *tombe* dans le mortier. Tous ces noms se rapportent exactement à l'idée de *tomber* dessus ou dedans.

Ce rapprochement suffirait; mais cette même racine primitive a engendré une multitude innombrable de mots dans les langues dites aryennes, et l'on pourra juger par là de la prodigieuse fécondité d'une syllabe génératrice.

Prenons, par exemple, *pl*-acere, *pl*-aire; ce qui *plaît*, *tombe* sous le goût; nous comparons aussitôt l'allemand *fal*-len (*a*), *tomber* qui, avec l'augment *ge*, produit *ge-fal*-len, *plaire*. La Bible (*Jérémie* XXXVI, 7 et XXXVII, 20) nous offre une double application du mot נפל *n-pl* dans un sens identique. *Pl*-acide en est le dérivé : qualité d'être apaisé, adouci, disposé à *plaire*. Voici encore un rapprochement pour l'allemand : *fal*-l signifie *chute*, et avec la préposition *bei* produit *bei-fal*-l être de l'avis de quelqu'un c'est-à-dire *tomber* d'accord avec lui. *Pl*-aisir, *pl*-aisanter viennent naturellement de *pl*-acere. P*l*-acare, *apaiser* est encore le même mot puisqu'il veut dire faire *tomber* la colère. Et précisément dans la Bible (*Néhémie* VI, 16) le mot נפל *n-pl* est employé dans le sens d'*apaisement de colère*. *Pl*-ebs, *pl*-èbe, le *déchet* du peuple, cette partie de la population romaine *tombée* au dernier degré de l'échelle sociale. *Pl*-ectere, frapper, implique une peine corporelle, c'est-à-dire *tomber* sur quelqu'un. De même *pl*-angere, *pl-aindre*, mais qui signifie aussi frapper avec bruit : *plangere pectus* (Ovide) se frapper la poitrine, faire *tomber* avec effort sa main contre la poitrine. C'est l'équivalent de *pl*-orare (*pl*-eurer) : *plorare aliquem*, pleurer quelqu'un, c'est-à-dire verser, faire *tomber* des larmes. En italien, *piangerer* veut dire *plaindre* et *pleurer*. *Pl*-uere, *pl-euvoir*, c'est l'eau qui *tombe*; *pl*-uma, *pl-ume*, ce qui *tombe* de l'animal. *Pl*-icare, *pl*-ier, *pl*-oyer : un *pl*-i est une petite *chute*; ainsi un *pl*-i du front est produit par la peau qui se détend et *tombe*, de même qu'un *pl*-i de terrain est un *enfoncement* où une taupe peut se

(1) On verra tout à l'heure l'identité des lettres *p* et *f*.

cacher (DICT. LITTRÉ). *Pl*-audere, *ap-pl-audir*, faire *tomber* une main dans l'autre pour produire un bruit. Ce mot n'a pas uniquement cette signification; il veut surtout dire : *frapper*, *battre, fendre les eaux : plaudere natatu aquas* (Stat.), *fendre les flots en nageant*. *Pl*-onger : pour ce mot les lexicographes sont embarrassés. M. Bescherelle n'indique pas d'étymologie. M. Littré n'est pas mal inspiré en la trouvant dans le provençal *plombar* et dans l'italien *piombare* « tomber à plomb, » mais il ne se rend pas compte de l'essence et de la cause du mot. Donc *pl*-audere comme *pl*-onger, signifient *tomber* dedans. En grec, πάλ-αι, *autrefois, jadis;* οἱ πάλ-αι, *les anciens*, et tous les dérivés simples et composés, expriment l'idée contenue dans le verbe παλ-αιῶυν, *rendre suranné, abolir;* au passif, *tomber en désuétude*. Nous réservons pour nos Dictionnaires la série immense des mots dérivés en grec de notre racine פל *pl*, qui a circulé dans une multitude de mots sanscrits, latins, français, allemands et congénères, avec la signification originelle. Il nous faudrait comprendre, dans cette nomenclature, les radicaux dérivés en *pel, pil, pol, pul, pl-a, pl-e, pl-i, pl-o, pl-u*.

Toutefois, il est encore un mot, indiqué par M. Erdan, dont nous tenons à parler, parce qu'il démontre jusqu'à l'évidence l'impossibilité de réaliser le vœu des réformateurs. Ce mot c'est *peau*. Il vient du latin *pel*-lis. Il rentre également dans la catégorie des mots issus de פל *pl* signifiant *tomber*, et dont il nous aurait été facile de grossir la liste. Les Grecs ont dit πέλ-α, les Latins *pel*-lis, pour désigner ce qui couvre l'animal, ce qui en *tombe*. En allemand, on dit *pel*-z et *fel*-l; en français, *pel*-isse, *pel*-leterie. Nous remarquons en passant les expressions allemandes *fel*-s, *roc*, *fel*-sen, *rocher*, qui désignent la pierre *tombante;* et enfin, notre expression correspondante *fal*-aise.

Si l'on voulait conformer l'orthographe à la prononciation, *peau* devrait s'écrire *po;* et ainsi disparaîtrait la physionomie, le signe étymologique du mot *peau*. D'ailleurs, *po* se confondrait avec *pot*, qu'il faudrait aussi écrire *po*.

Ce n'est pas tout : la lettre *f* n'existe pas en phénicien. La *Massore* ou tradition israélite a attribué à la lettre פ *p* tantôt la valeur de *p*, tantôt celle de *f*, en indiquant cette différence d'articulation par un signe de ponctuation. Cette lettre *f*, qui n'est qu'un affaiblissement de *p*, et la lettre *v*, également étrangère à l'alphabet phénicien, qui n'est qu'un affaiblissement de la lettre *b* (quand le *v* n'est pas le ו *u* phénicien), et souvent de la lettre *p*, sont toutes les deux entrées dans la combinaison alphabétique des langues dérivées. La lettre *f*, par exemple, a pris en grec la forme φ (*phi*); le *v* n'existe pas dans cette langue. Les Allemands possèdent la consonne *f*, de plus le *v* (*faü*). Cette dernière lettre tient souvent lieu de l'articulation *p* qui d'ailleurs fait partie de leur alphabet. L'alphabet sanscrit a la forme *v*, mais il n'a pas l'*f*.

Revenons aux dérivés de פל *pl* ou *fl*.

En latin, signalons *fl*-ere, pleurer, et *fl*-etus, pleur, ce sont les larmes qui *tombent; fl*-ectere, fléchir, c'est *tomber; fl*-igere frapper, ou faire *tomber* des coups; *fl*-uere, dont voici les différentes significations d'après les Dictionnaires : *couler*, *fluer, découler*, *se fondre, devenir liquide* et tant d'autres à côté de *être pendant*, *descendre*, *tomber*, etc., etc.; *fl*-occus, *flocon* ou matière *tombante*.

Le grec nous donne φαλ-ακρός, chauve, dont les cheveux sont *tombés;* φελ-λός, liège, écorce, c'est-à-dire ce qui se détache ou *tombe* de l'arbre, a précisément pour racine πέλ-α, la *peau*. Ce mot justifie son étymologie et nous le retrouvons d'ailleurs dans l'allemand *pel-z, peau*, déjà cité.

Rappelons le verbe allemand, *fal*-len *tomber*, qui forme une très grande quantité de mots (Voir nos Dictionnaires).

Nous avons donné l'origine du mot *pl*-omb. Il y a un mot allemand *pl*-umb qui signifie *lourd*, *grossier,* chose qui *tombe* lourdement, grossièrement, et nous avons vu à quelle prodigieuse quantité de mots cette simple syllabe פל *pl* a donné naissance dans les langues dérivées. Ainsi, *pl*-omb veut dire une chose qui tend à *tomber*, qui *tombe :* fil à plomb est ainsi expliqué par M. Littré : « Masse pesante suspendue à l'extrémité d'un fil, indiquant la direction de la pesanteur ou de la ligne verticale et servant à mettre d'aplomb les ouvrages de charpente et de maçonnerie. Tomber à plomb, dit le Dictionnaire, signifie plonger. »

« Vers la fin du dix-septième siècle, dit M. Erdan (1), les idées de réforme orthographique furent adoptées par la moitié au moins des écrivains. » C'est ainsi que Molière, Bossuet, d'Ablancourt, etc., en étaient arrivés à écrire *efet* pour *effet*, *efectivement* pour *effectivement*, *indiférent* pour *indifférent*. On supprimait un *f*. Nous allons donner le sens de ces trois mots, et l'on verra qu'on aura fait peu de chose en mettant un *f* au lieu de deux.

Afin que le lecteur ne le perde jamais de vue, nous ne craignons pas de le redire encore : un mot d'une langue dérivée produit par un mot phénicien peut être tiré d'un mot originel qui n'a pas une signification exactement correspondante; le sens du mot dérivé peut venir d'un autre mot phénicien qui dans une de ses acceptions exprime l'idée de ce mot dérivé. Par exemple, le mot *faire* en phénicien s'exprime par עשה *oche*. C'est dans le verbe פוק *puq* que nous trouvons la racine de *fac*-ere. On sait déjà que la lettre פ est représentée dans les langues dérivées, par *p*, *f* et *v*.

Le sens exact du verbe פוק *puq* ou *fuq* (racine פק *pc* ou *fc*) est *mettre en mouvement;* on le trouve dans le sens de l'action *de tendre* le pain au pauvre (*Isaïe*, LVIII, 10); dans l'idée d'attacher solidement les clous pour qu'ils ne *bronchent* (*Jérémie*, X, 4); dans cette phrase : « Nous avons tant de provisions qu'elles *débordent* (*Psaum.*, CXLIII, 13) »; dans celle-ci : « Leurs genoux *chancellent* (*Nahum*, II, 11) ». L'idée de *mouvement* est également contenue dans *chanceler* dans le jugement (*Isaïe*, XXVIII, 7); *communiquer* la sagesse, c'est la *faire passer* de soi à autrui (*Prov.*, III, 13).

Mais voici des applications de פק *pc* ou *fc* dans le sens de *fac*-ere, *faire*, d'ef-*fic*-ere, *effectuer*, et de *vinc*-ere, *vaincre*. Quant à *vac*-illare *chanceler*, nous venons d'en donner des applications. Dans le mot *vinc*-ere, la racine פק *fc* se retrouve au supin *vic*-

(1) *Les Révolutionnaires de l'A, B, C*, p. 41.

tum et au passé *vic*-i. Ef-*fic*-ere est le même mot que *fac*-ere, précédé de l'*e* abréviatif de *ex*, c'est-à-dire *faire d'une chose une autre chose :*

אל תפק זממו al t-*pc* ou t-*fc* zmm-u	(Psaume CXL, 9) *N'effectue* pas, c'est-à-dire n'exécute pas son projet. Ne consilia *perficias* (Buxtorf).
טוב יפיק רצון מיהוה tub i-*fic* rtsun mnIeue	(Prov. XII, 2) L'homme de bien *acquiert* la faveur de Jéhovah. *Acquérir* = *Conquérir*, = *Vaincre*.
אשרי אדם יפיק תבונה achr-i adm i-*fic* t-bune	(Prov. III, 9) Heureux l'homme qui *acquiert* l'intelligence.

La preuve que notre racine פק *pc* exprime incontestablement le *mouvement* et l'*action*, c'est que nous la retrouvons dans l'allemand *pack-en* qui signifie *pétrir, conglober, empoigner, emballer, empaqueter, faire sa malle, quitter promptement la place.* Nos deux mots français *paq*-uet et em-*paq*-ueter contiennent la même idée. En anglais to *pack* a les mêmes significations que l'allemand *pack*-en; en gaélique et en bas-breton, *pac* veut dire *paquet*. Que de mots dérivés de פק nous pourrions indiquer encore!

A la place de ק *q* mettons ר *r* et nous aurons פור *pur* (racine פר *pr* ou *fr*) qui a produit l'élément principal du mot *indifférent*.

Indifférent est naturellement le contraire de *différent*, dont le verbe dif-*fér*-er vient du latin dif-*fer*-re, composé lui-même de *fer*-re, *porter, supporter, apporter*, et de *dis*, qui exprime la division, l'éparpillement de divers côtés, par conséquent *colporter, divulguer*. Si ce mot signifie aussi *tarder, retarder, ajourner*, c'est l'idée de *porter* avec soi pendant un certain temps une intention, un projet; s'il signifie également *distinguer*, être d'une *autre* qualité, c'est l'idée de porter son esprit de deux ou plusieurs côtés *distincts*. *Être indifférent*, par conséquent, veut dire *ne rien porter, ne rien colporter, ne rien distinguer*.

Un nombre infini de mots, dans les langues dérivées, doivent leur naissance à la racine פר *pr*, qui est l'onomatopée de la force et qui n'a d'autre signification que *taureau*, c'est-à-dire le *briseur*, le *déchireur*, le *destructeur*, et tout ce qui est *violent*. Comme verbe, dans sa forme trilitère, פור *pur*, פרר *prr*, où reparaît souvent la forme bilitère פר *pr*, a de nombreuses applications dans le sens de *briser*, *déchirer*, *détruire*, *renverser*, *rompre*, *ébranler*, *séparer*, *presser*, *dégager*, *détacher*, *bouleverser*, *enlever*, *creuser*, etc.

En voici quelques-unes :

את בריתי הפר at brit-i e-*pr*	(Genèse XVII ,14) Il a *rompu* mon alliance.
והפר את נדרה u-e-*pr* at ndr-e	(Nomb. XXX, 9) Il a *détruit* (annulé) son vœu.
כי יהוה יעץ ומי הפר ci Ieue iots u-mi e-*pr*	(Isaïe, XIV, 17) Le Seigneur a décidé : qui *brisera* (cette décision).
אתה פוררת בעזך ים ate *purr*-t b-ozc im	(Psaum. LXXIV, 13) Par ta force tu *déchiras* la mer.
שלו היתי ויפרפרני chlu ei-ti u-i-*prpr*-ni	(Job, XVI, 12) J'étais tranquille et il m'a *bouleversé*.
פור התפוררה הארץ *pur* et *purr*-e e-arts	(Isaïe, XXIV, 19) La terre fut rudement *ébranlée*.
פורה דרכתי לבדי *pur*-e drc-ti lbd-i	(Isaïe, LXIII, 3) Seul j'ai foulé le *pressoir*.

Le sanscrit, le grec, le latin, l'allemand, le français, pour ne parler que de ces langues, tirent de la racine פר *pr* un nombre immense de mots, comme nous venons de le dire. En sanscrit, *pur*-â, *jadis*, *pur*-âna, *chose antique*, *par*-âmi, *précéder*, *marcher devant*.

En grec, πρ·ιν veut dire *auparavant*, *avant que ;* πρ·ιειν, *couper*, *scier*, πρ-ό signifie *devant*, de même que le latin *pr*-o. Ce mot grec, radical de πρ-ῶτος, *premier*, a formé beaucoup de mots composés : πρ-ο-αγορεύω, *je prédis*, πρ-οϐάλλω, *je projette*, etc. ; παρ-ά, *devant*, *outre*, s'est réuni à une grande quantité de mots, par exemple dans παρ-αϐαῖνω, *je passe outre*, etc.

On se rappelle que la lettre *p* et les lettres φ et *f* correspondent à un même signe originel פ ; donc, dans tous les mots grecs commençant par φ, le φ équivaut à π, comme dans le latin, *f* est l'équivalent de *p*; et dans l'allemand, la lettre *v* équivaut à *p*.

En grec, φέρ-ειν signifie *porter, supporter, apporter*, et il entre dans la composition d'une multitude de mots : φερ-έζυγος, qui *porte le joug;* φερ-έοικος, qui *porte sa maison* (*nomade*) φερ-έπτερος, qui *porte des ailes*, etc., φὺρ-α, action de *porter* ou d'*apporter*, de *transporter, port*.

De même en latin on voit, 1° dans les mots commençant par *pr : pr*-emo, je *presse*, *pr*-etium, *prix, valeur, récompense, fruit*; *pr*-æ-cedo, *je précède*, *pr*-œ-bia, *préservatif*, *pr*-ior, *premier; pr*-o-duco, *je produis*, *pr*-udens (syncope de *pr*-ovidens), *prudent;* 2° dans les mots qui commencent par *per : per*-vado, je *vais outre*, je *pénètre*, je *traverse; per*-verto, je *renverse*, je *détruis*, etc.; 3° dans les mots qui commencent par *fr : fr*-audo, je *fraude*, *fr*-endo, je *brise* avec les dents, je *broie; fr*-eno, je *mets un frein*, c'est-à-dire je *presse* la bouche du cheval pour le retenir (Voir le Dict. Littré): « *Frein*, vieux mot de mer, vagues qui se *brisent* contre un obstacle », *fr*-etum, *détroit*, bras de mer : « *Sestos separat fretum*..... Ovid. » ; *fr*-igeo, j'ai *froid*, c'est-à-dire j'éprouve l'*interruption* de la chaleur ; *fr*-io, je *brise*, je *concasse; fr*-ivolus, *frivole*, c'est-à-dire *détaché* de tout; *fr*-ondens, qui a des *feuilles* (les feuilles, partie de l'arbre qui se *détache* aisément) ; *frons*, *front* (*l'avant*-tête, *for*-head de l'anglais); *fr*-uctus, *fruit* (ce qui se *détache* de l'arbre); *fr*-ustro, je *frustre*, je *dépouille violemment*, *fr*-ustrum, *morceau;* 4° dans les mots commençant par *fer*, *fir*, *for*: *fer*-o, je *porte; fer*-rum, *fer*, ce qui *brise; fer*-us, *sauvage, fougueux, violent* (ce sont les attributs de l'animal qui, dans la langue originelle, se nomme פר *pr, taureau*); *fir*-mo, je *fortifie; for*-tis, fort.

En allemand, donnons d'abord les mots qui commencent par *v* (faü) : *vor* et *ver*. Le premier, comme préposition, signifiant *avant, devant*, a le même sens que πρ-ο en grec et que *pr*-æ, *pr*-o en latin. Il est entré dans la composition d'une foule de mots : *vor*-

gehn, *précéder; vor*-sitzen, *présider*; le second est un préfixe qui a le sens de *per* du latin, et qui s'unit à une multitude de mots pour les renforcer : *ver*-brennen, *consumer, brûler entièrement; ver*-schneiden, *couper en morceaux, dépecer*, tandis que *brennen* veut simplement dire *brûler; schneiden, couper*. Voici maintenant les mots qui commencent par *f*, ou plutôt par *fr* : *fr*-ei (nous copions dans le Dict. allemand) : « qui est débarrassé ou séparé d'une chose incommode ou gênante ; dégagé, exempt, quitte, libre » : *séparer, dégager*, être *libre*, exprime la *rupture* de tout lien ; *fr*-emd, *étranger*, c'est-à-dire *éloigné, séparé* des indigènes ; *fr*-euen (dont l'adjectif est *fr*-oh); *causer de la joie, faire plaisir*, c'est l'idée de *dégagement* de l'esprit ; *fr*-eund, *ami*, c'est-à-dire celui qui nous *réjouit*, qui *partage* nos sentiments ; *fr*-evel (nous citons encore d'après le Dict.) : « latin *frivolum*, violation audacieuse et volontaire de la loi » : c'est l'idée de *rompre* avec la loi ; *fr*-iede (citation du Dict.) : « dérivé de *frei*, proprement état de repos, de tranquillité, d'ordre, de sécurité ; règne des lois, ordre public, paix »: la principale signification du mot c'est *paix*, c'est-à-dire quiétude, par conséquent complet *dégagement* de l'esprit ; *fr*-ieren, c'est le *fr*-igere des Latins ; *fr*-isch, *frais, froid*, rentre dans la même catégorie ; *fr*-ucht, *fruit*, c'est le *fr*-uctus du latin ; *fr*-üh, *de bonne heure, tôt, auparavant*, etc., c'est le *pr*-ius.

En français, nous commençons également par les mots en *p*, soit *pr* : *pr*-airie (en latin *pr*-atum) : un *pr*-é, une *pr*-airie est un terrain, circonscrit, c'est-à-dire *fragmenté; pr*-emier, *pr*-esser (en latin *pr*-essare) ; *pr*-ince (en latin *pr*-inceps, formé de *primum caput, première tête*) ; *pr*-intemps (du latin *pr-imum tempus, premier temps*) ; *pr*-isme (du grec πρ-ίσμα, *coupé* de tous côtés par différents plans) ; *pr*-iver (du latin *pr*-ivare,) c'est-à-dire *couper* ou *séparer*, *pr*-ix.

Viennent les mots prépositifs en *pr-é, pr-i, pr-o* : *pré*-poser, *pri*-mordial (latin pr-i-m-ordialis), *pr-o*-poser. Puis les mots prépositifs en *par, per, pour* : *par*-courir, *per*-pétrer, *pour*-suivre.

Nous omettons à dessein les mots en *fr, far, fer, fir, for, fur*, qui sont trop nombreux ; on les trouvera dans notre Dictionnaire de la Langue française.

Nous voilà bien loin de la querelle entre *f* et *ff* de M. Erdan, et l'on a vu que l'économie d'un *f* ne simplifierait pas essentiellement les langues dérivées. Nous continuerions avec un vif intérêt à suivre M. Erdan dans les mots français qu'il passe en revue avec l'intention de les réformer, pour arriver à la conformité exacte de l'écriture avec la prononciation. Mais le cadre de cet ouvrage nous impose une réserve que le lecteur comprendra.

Nous ne pouvons mieux terminer ce chapitre qu'en rappelant l'étonnante concision de la langue phénicienne.

A ce sujet, l'un des phonographes les plus hardis, Féline, dans son DICTIONNAIRE DE LA PRONONCIATION, page 13, se livre à un curieux calcul sur les résultats économiques de la réforme phonétique. « J'ai cherché dans plusieurs phrases quelle serait la diminution des lettres employées, et celle que j'ai trouvée est de près d'un *tiers*. Supposons seulement *un quart*. Si l'on admet que sur 35 millions de Français un million, en terme moyen, consacrent leur journée à écrire; si l'on évalue le prix moyen de ces journées à 3 francs seulement, on trouve un milliard, sur lequel on économiserait 250 millions par année. La librairie dépense bien une centaine de millions en papier, composition, tirage, port, etc., sur lesquels on gagnerait encore 25 millions. Mais le nombre des gens sachant lire et écrire décuplerait; les livres coûtant un quart moins cher, il s'en vendrait, par cela seul, le double et le double encore, parce que tout le monde lirait. De sorte que ce profit de 275 millions serait doublé ou quadruplé, et l'économie imperceptible d'une lettre par mot donnerait un bien plus grand bénéfice que les plus sublimes progrès de la mécanique (1). »

S'il s'agit purement d'économie, à quelle somme n'atteindrait-on pas, et pour la France seulement, en adoptant la langue des Phéniciens! Ce ne serait plus seulement le *quart* de lettres économisé, mais certainement les *trois cinquièmes*, sinon quelque-

(1) A. Firmin Didot, *liv. cité*, p. 354.

fois les *trois quarts*. Le nombre de lecteurs décuplant, ce seraient non pas des millions, mais des milliards dont on bénéficierait annuellement. Or, les nations, grâce à tous les moyens de communication rapide qui existent, sont aujourd'hui promptes à saisir les découvertes signalées chez un peuple; et nous reculons devant le chiffre énorme réalisé par cette économie. — Mais il faut encore moins songer à l'économie d'argent qu'à l'économie de temps ; et cependant les Anglais disent avec raison : *Times is money*.

On nous demandera peut-être si cette langue primitive a pu suffire et peut suffire à tous les besoins des peuples, pour exprimer leurs idées au fur et à mesure que s'accomplissaient et que s'accomplissent leurs progrès dans toutes les connaissances humaines : il y a aujourd'hui des milliers d'objets qui n'existaient pas chez les Phéniciens et chez les Israélites, à l'époque où ils vivaient en nation. Sans doute; et alors, d'où a-t-on tiré les noms qui expriment cette multitude d'objets nouveaux? La réponse est facile : tous les peuples dont la langue est originaire de la langue phénicienne ont recouru à des radicaux phéniciens pour créer les mots nouveaux qu'ils étaient forcés d'employer. En des temps moins éloignés, et pour le français, par exemple, les mots nouveaux ont été tirés du grec, du latin, du celtique, de l'allemand, de l'anglais, etc. Or, chacune de ces langues ne renferme pas un seul mot qui ne dérive du phénicien. Nous ferons ressortir victorieusement l'évidence de ce fait, quand nous publierons les Dictionnaires de diverses langues dites indo-européennes.

A l'appui de cette vérité, il faut citer l'une de nos principales autorités linguistiques : « Mais si les langues ont été justement comparées à des monuments dont on renouvelle constamment les parties vieillies, il faut ajouter que les matériaux qui servent à réparer les brèches sont tirés de l'édifice lui-même (1). »

La langue des Phéniciens fait ses preuves au temps où nous

(1) Bopp, *Gramm. comparée des Langues indo-europ.*, Introd. du traduc. M. Michel Bréal, t. I, p. XL.

sommes : de nombreux journaux hébraïques existent depuis quelques années, journaux politiques et littéraires. On y traite de toutes les questions du jour avec une aisance, une lucidité à toute épreuve. N'a-t-on pas vu récemment l'un de nos orientalistes parisiens publier, dans cette langue, l'HISTOIRE DE LA GUERRE FRANCO-ALLEMANDE DE 1870-71, DU SIÉGE DE PARIS ET DE LA COMMUNE (1), avec un talent, une perfection au-dessus de tout éloge? On y trouve traduits tous les discours, toutes les proclamations de nos dignitaires, de nos généraux; là, par la comparaison des textes, le lecteur peut se faire une idée de la concision merveilleuse du phénicien.

Nous avons vu que des racines de deux et de trois lettres ont formé une foule de mots dans les langues alphabétiques. La langue française peut être ramenée à un nombre de racines très restreint, comme on en jugera dans notre Vocabulaire, dont les premières livraisons sont toutes prêtes.

(1) E. Roller, chez l'auteur, 130, boulevard Voltaire.

TABLE DES MATIÈRES

PREMIÈRE PARTIE

DEUXIÈME PARTIE

FIN DE LA TABLE DES MATIÈRES

www.ingramcontent.com/pod-product-compliance
Ingram Content Group UK Ltd.
Pitfield, Milton Keynes, MK11 3LW, UK
UKHW031921260826
14628UKWH00003B/1344

9 782014 025699